T0147119

LAS PUERTAS DE TU ÉXITO.
TU DECIDES!

LA LEY DE LA ELECCIÓN
LA LEY UNIVERSAL MÁS PODEROSA

ARTURO REYES VARELA ESPONDA

BALBOA.
PRESS
A DIVISION OF HAY HOUSE

Puede hacer pedidos de libros de Balboa Press en librerías o poniéndose en contacto con:

Balboa Press
Una División de Hay House
1663 Liberty Drive
Bloomington, IN 47403
www.balboapress.com
1 (877) 407-4847

Debido a la naturaleza dinámica de Internet, cualquier dirección web o enlace contenido en este libro puede haber cambiado desde su publicación y puede que ya no sea válido. Las opiniones expresadas en esta obra son exclusivamente del autor y no reflejan necesariamente las opiniones del editor quien, por este medio, renuncia a cualquier responsabilidad sobre ellas.

El autor de este libro no ofrece consejos de medicina ni prescribe el uso de técnicas como forma de tratamiento para el bienestar físico, emocional, o para aliviar problemas médicas sin el consejo de un médico, directamente o indirectamente. El intento del autor es solamente para ofrecer información de una manera general para ayudarle en la búsqueda de un bienestar emocional y spiritual. En caso de usar esta información en este libro, que es su derecho constitucional, el autor y el publicador no asumen ninguna responsabilidad por sus acciones.

Información sobre impresión disponible en la última página.

ISBN: 978-1-9822-1516-3 (tapa blanda)
ISBN: 978-1-9822-1518-7 (tapa dura)
ISBN: 978-1-9822-1517-0 (libro electrónico)

Numero de la Libreria del Congreso: 2018913001

Fecha de revisión de Balboa Press: 01/14/2019

*"Con Todo Mi Amor
Desde Mi Corazón Al Tuyo*

Yo Dedico Mi Libro a Ti

*Gracias por Elegirte a Ti Mismo
Y Por Elegir Estar Aquí Y Ahora*

*Lo Que Sea Que Elijas Hacer
Hazlo Con Amor*

Y

Permite Que Fluya Lo Mejor De Ti."

ÍNDICE

MI INTENCIÓN

Todas Las Técnicas En Este Libro *"Las Puertas de Tu Éxito"* Empoderarán a Niños. Niñas, Jovenes y Adultos.

Ayudará A Todos A Prevenir y A Superar Cualquier Tipo de Auto-Sabotaje, Bullying, Rechazo, Desvalorización, Injusticias, Abusos Verbales ó Fisicos y Maltrato.

Mi Intención Es Recordarle a los Niños. Niñas, Jovenes y Adultos A Tocar Con Su Poder Interior Para Sentirse Muy Bien, Amados, Cuidados, Con Amor Propio, Desarrollando una Elevada Auto Estima Y A Tener una Relación Muy Honesta Consigo Mismos, Con Los Demás, Con El Mundo y Con La Vida. Para Que Así Todos Podamos Ser Y Expresar La Mejor Versión De Nosotros Mismos. Elevando La Vibración Planetaria Con Amor Individual, Colectivo y Global. ¡Gracias!

ARTURO REYES VARELA
Yo Soy Un Hombre Libre, Comprometido y Prospero lleno de Amor, Libertad y Mágia.

CAPÍTULO 1

SOY HONESTO@ CONMIGO MISMO@

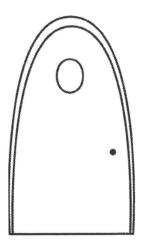

"La Vida Me Regalo El Hermoso Valor De Ser Honesto, Claro Y Transparente Primero Conmigo Mismo Y Por Consiguiente Con Mi Mundo Hermoso. Hoy Me Conozco Y Soy Muy Feliz Al Expresar Un Si ó Un No Con Claridad y Honestidad."

Mira esta Puerta por un Momento, por unos segundos…

Ahora visualiza esta Puerta imaginaria frente a ti, donde sea que te encuentres, tu puedes dibujarla con ambas manos en el espacio frente a ti. Asegurate de visualizar la Puerta con el letrero en la parte superior de la Puerta y que se lee: *"Yo Soy Honesto/a Conmigo Mismo/a"* ¿Ya Lo Tienes? ¡Muy Bien! Da un paso al frente y entra a través de esta Puerta hasta que sientas que tú estas del otro lado de ella y sintiéndote muy honesto contigo mismo.

Practica mucho hacer esto, es un elijo hacerlo para el uso a favor de *"Las Puertas de Tu Exito."* Entre más practiques entrar y sentirte que estas del otro lado o detrás de esta Puerta, será muy fácil para ti ser tú mismo y poder experesarte totalmente honesto con los demás. Solo sintiéndote tú mismo honesto estarás completo. Confia en mi ¡Funciona!

Tú estarás muy agradecido cada día de tu vida y tomarás las mejores decisiones y la mejor elección al quédarte detrás de la Puerta *"Yo Soy Honesto/a Conmigo Mismo/a."* Hazlo Todos los días de tu vida. El resto de tu vida se ira desdoblando frente a ti hermosamente, la vida responde de regreso a tu propia honestidad, por que si tu eres honesto contigo mismo, con tus pensamientos, con tus palabras, con tus acciones y con tus emociones, vibrarás tu Honestidad a donde vayas y con cada una de tus elecciones que elijas en cada momento de tu vida, Yo te garantizo una Vida Muy Feliz y congruente con Tus pensamientos.

Cuando Tú eliges vibrar Tu propia honestidad, la vida te regresa más honestidad. ¡Asi de Simple!

El sentimiento de ser honestos con nosotros mismos es tan único y nos hace sentir verdaderamente muy bien. Entre más tiempo pasemos detrás de la Puerta de *"Yo Soy Honesto/a Conmigo Mismo/a"* nos es mas sencillo y fácil el expresar nuestras elecciones a la vida y a los demás. Nosotros desarrollamos el arte de decir *"Si."* Solo cuando realmente queremos decir *"Si."* Y a decir *"No."* Solo cuando necesariamente queremos decir *"No."* Tambien habrá momentos cuando no tengamos la certeza para ejercer una decisión entre *"DECIR SI Ó DECIR NO"* asi que simplemente responderemos con total honestidad *"Lo Voy a Pensar."* ó simplemente sonreir y seguir adelante.

El entrenamiento ha comenzado, bienvenido/a a un viaje fantástico donde Tú reconocerás tu poder en tu interior para ser Tú y Sólo Tu todo el tiempo. Quédate detrás de la Puerta *"Yo Soy Honesto/a Conmigo Mism/a"* y sígueme a través de este hermoso viaje.

Bienvenido a descubrir y hacer tuyas *"Las Puertas De Tú Éxito."* Yo me siento muy honrado por compartir contigo todo su potencial. Este método de *"Las Puertas"* me ha ayudado increíblemente durante muchos años, hoy es el día en que este material se vuelve tuyo, asi que disfruta el viaje hacia todo el potencial de Tu Mundo Interior, De Tu Mejor Version de Ti Mismo.

REGLA # 1

Esta es la Regla #1: Es un **"Elige hacerlo"**, de tal forma que tu estaras haciendo las mejores elecciones y acertando las mejores decisiones todo el tiempo, momento tras momento, tu primero cumple esta regla que es; entrar a la siguiente *"Puerta de Alta Vibración"*:

YO SOY HONESTO@ CONMIGO MISMO@

Al hacerlo, tú inmediatamente elevas tu frecuencia energética de tu vibración y tú estarás haciendo elecciones honestas y tomando decisiones honestas todo el tiempo, mientras te mantengas detrás de esta Puerta.

Entre más tiempo pases detrás de la Puerta *"Yo Soy Honesto/a Conmigo Mismo/a"* tu desarrollaras el habito excelente de escucharte a ti mismo con honestidad, tomando decisiones y haciendo elecciones que te harán sentir muy bien en todo momento. Este hábito será tan poderoso que te ayudará a mejorar tú comunicación contigo mismo, con las demás personas y con la vida misma.

Practica quedarte detrás de la Puerta *"Soy Honesto/a Conmigo Mismo/a"* 24 horas del día, los 7 dias de la semana, las 52 semanas de cada año. Al ser honesto contigo mismo te será muy fácil distinguir cualquier otra Puerta imaginaria que tú puedas visualizar y entonces te puedes mover y avanzar a entrar a más Puertas, a la siguiente Puerta que más te atraiga de todas las elecciones que tú tienes para cada momento de tu día. Tú puedes visualizar Puertas todo el tiempo durante el día, bueno cuando tú lo decidas.

Mantente honesto, escucha la verdad que hay en tu interior, entonces podrás crear la vida que realmente deseas elegir vivir, no solo al final de tus días, no! Iras mas allá, seras honesto cada dia de tu vida y cada momento de tu vida, lo cual te ayudara a crear cada dia la vida que quieres vivir cada dia y momento tras momento de tu vida, asi todos los días de tu vida. Dandole prioridad a lo que mas deseas crear en cada una de las areas de tu vida, no solo en una de ellas, veras por como lograr hacer realidad todas las metas y sueños que tienes para cada una de las areas de tu vida.

Expresa tu verdad, ten claro lo que deseas vivir y crear, escríbelo con todo lujo de detalle, escribe todas las ideas que tienes en tu mente de como quieres crear cada una de tus metas, escribe una por una, para que te enfoques, y después ve con la siguiente, y asi sucesivamente con cada una, entre mas claro y mas honesto seas podrá hacer que tu mente visualice lo que si deseas ver en tu vida y veras la mejor forma de como hacerlo realidad, por que te comprometeras con tu verdad y con tu palabra, de tal forma que tu no solo te seras honesto en pensamiento y en palabra si no también en acciones y conductas, cumpliéndote con tu palabra en todas las areas de tu vida.

LA LEY DE LA ELECCIÓN

Todo comienza con una Elección, nosotros realmente elegimos todo en nuestra vida. Cada elección que nosotros hacemos es el activador de todas las Leyes Universales y esto es a lo que yo llamo *"La Ley De La Elección"* La Ley Universal más Poderosa de Todo El Universo.

Cuando nosotros elegimos ser felices, nosotros pensamos felicidad, nosotros sentimos felicidad, nosotros vibramos felicidad y elegimos tomar acciones que nos producirán felicidad, es entonces cuando la vida nos trae de regreso más y más experiencias felices, que nosotros obviamente disfrutamos mucho.

La mágia que contiene *"La Ley de La Elección"* es la voluntad nuestra de elegir para atraer de regreso experiencias de la misma clase de vibración. *Elijo honestidad atraigo honestidad.*

Nosotros podríamos pasar horas hablando acerca de nuestras elecciones diarias, de nuestras elecciones de vida, hay tantas opciones, hay tantas elecciones en abundancia de donde elegir. Es muy importante elegir las mas importantes para nosotros. Elijamos aquellas que nos hacen sentir bien, felices, alegres, contentos, realizados, plenos y llenos de Bienestar en todo momento.

"La Ley de La Elección" es vital y esencial en nuestras experiencias diarias; lo que nosotros elegimos y decidimos para vivir, es lo que nosotros vamos a hacer que suceda y las demás personas nos seguirán, aún el Universo también lo hará.

Durante esta nueva aventura que tú estas comenzando y descubriendo hacia *"Las Puertas de Tú Éxito."* Tu puedes estar seguro de que *"La Ley de La Elección."* Estará presente todo el tiempo.

Nosotros somos los que estamos creando nuestras experiencias diarias mediante nuestras elecciones, decisiones y acciones que estamos tomando momento a momento. Nosotros estamos creando nuestra realidad, nosotros estamos creando nuestra vida, asi que hagámoslo Maravillosamente.

Cuando elegimos un pensamiento, nosotros pensamos en él por un momento, después nosotros hablamos de ello, de pronto nosotros estamos vibrando en la misma frecuencia como lo hace nuestro deseo y cuando estamos listos, nosotros ponemos nuestro enfoque y nuestra atención en él, nosotros ejercemos la acción necesaria mientras que todas Las Leyes Universales toman su lugar alrededor nuestro. Despues nosotros observamos como la vida hace sus movimientos mágicos perfectamente sincronizados y en un momento estamos viviendo la experiencia que comenzamos a pensar no hace mucho tiempo atrás.

La vida es realmente Magica y Maravillosa. Sólo es cuestión de que cada uno de nosotros estemos alertas y abiertos para que veámos a nuestro alrededor y que observemos en todas direcciones cómo es que estamos disfrutando de nuestras creaciones que estamos haciendo que sucedan en nuestros días en este Maravilloso y Hermoso Planeta. Nosotros somos muy afortunados de estar aquí y de poder ser capaces de crear lo que deseamos.

Cuando nosotros tenemos una buena actitud ante la vida, nosotros siempre podemos disfrutar de la creatividad que encontramos en la naturaleza por donde sea que vayamos, es esto tan Maravilloso. También podemos disfrutar de la creatividad manifestada por hombres y mujeres artistas, arquitectos, ingenieros y sus invenciones que están hermosamente manifestadas en las casas, edificios, puentes y caminos, en los Pueblos y en las Ciudades en todo el Planeta.

Mi corazón te invita a que elijas viajar por el Mundo para que puedas disfrutar de la belleza que hay en cada Pueblito y Ciudad de cada Pais. Ve a los museos y fascínate del arte que tú puedes ver: pinturas, esculturas, que tantos artistas han creado a través de la historia. Nosotros podemos ver ya manifestado lo que alguien alguna vez pensó y que ahora es una Creación Hermosa. Estar abierto y alerta a donde sea que vayas, observa y la vida te sorprenderá.

Ten una actitud muy positiva y optimista para manifiestar tus propios deseos y metas. Todas tus elecciones. Hay tantas opciones de donde elegir en las diferentes areás: artes, los deportes, la música, los viajes y en todo.

Nosotros vivimos en una era maravillosa, contamos con un gran abanico de diferentes opciones de donde elegir, y están disponibles para todos, asegúrate de elegir aquéllas opciones que hagan cantar a tu corazón y que te hacen realmente muy feliz. Tú eres quien elige por ti en todo momento. Se honesto contigo, no solo contestes por complacer los deseos de los demás, contesta y complácete a ti mismo.

Hay veces que algunas personas dicen: — *"¿Cómo es que si todo esta aquí disponible para todos nosotros y para todo el mundo, yo no tengo esto ó lo otro?"*

Bien, el secreto esta en el arte de elegir, *"La Ley de La Elección"* juega un papel importante en la vida de cada uno de nosotros. Todos nosotros hacemos diferentes elecciones y en algunos casos hacemos elecciones semejantes, pero nunca identicas. Nosotros somos libres para elegir y crear lo que vamos a vivir, y para hacer lo que si queremos hacer y no hacer lo que no queremos hacer, enfocándonos solo en lo que si realmente queremos hacer.

Algunos de nosotros elegimos tener la creencia de que nosotros tomamos elecciones aun antes de nacer, en cada una de nuestras re-encarnaciones, de que vamos a vivir en cada vida, en cada vida nosotros hacemos muchas elecciones diferentes: ¿Que tipo de vida queremos vivir ahora?, ¿Qué lecciones aprender?, ¿Qué Planeta?, ¿Qué Pais?, ¿Qué Ciudad?, ¿En Cuál Familia es que naceremos? Y elegimos muchos de nuestros más importantes y significantes momentos que vamos a vivir, nuestras grandes experiencias para nuestro viaje de vida y todas estas elecciones están mezcladas junto con la libertad de que nosotros podemos cambiar nuestra mente en cualquier momento y después también elegir diferentes elecciones. Muchas elecciones se quedan igual por que nosotros ya hemos hecho esas elecciones antes de tiempo y siguen siendo nuestra elección presente.

Algunas de las elecciones que elegimos antes, nosotros no las cambiaremos porque serán beneficas, algunas otras habrá que cambiar, otras serán nuevas elecciones que vamos haciendo en diferentes días de nuestro viaje de vida y mientras ésta vida dure.

Hay otras clase de elecciones que nosotros hemos hecho antes de nacer a los cuales yo les llamo *"Contratos Sagrados"* nosotros hacemos éstos contratos con nosotros mismos, con nuestras familias, con nuestra pareja, con nuestros amantes, con nuestros amigos, con la gente, con el planeta, con la vida misma, con el universo y los firmamos antes de venir al mundo y nos comprometimos con vivirlos durante los días de nuestras vidas.

Nosotros elegimos lo que será nuestra misión personal, esto siginifica que nos estaremos enfocando durante nuestra vida de manera que el espíritu y alma evolucionen con todas y cada una de nuestras experiencias humanas que nosotros estaremos recreando con la vida y con el resto de la humanidad, asi como también con todas las Leyes Universales, y con todas las energías, frecuencias y vibraciones involucradas en esta aventura que elegimos vivir en este mundo.

Nosotros también elegimos nuestra misión pública, esto significa que es lo que vamos a hacer para contribuir con los demás durante el tiempo de nuestra estancia en la Tierra, para ayudar a la humanidad con nuestro servicio, usando nuestras mejores herramientas, talentos, habilidades, dones y fortalezas.

Durante nuestra experiencia humana habrá ciertas cosas que nosotros desearemos cambiar y que nosotros podremos cambiar. Habrá otras cosas que desearemos cambiar pero nosotros no podremos cambiarlas. Por ejemplo: habrá momentos en que desearemos cambiar a los demás, porque nosotros queremos que actúen diferente ó que sean distintos de quienes ellos han elegido ser, hasta que aprendemos que esa opción es imposible y una pérdida de tiempo al intentar cambiarlos. Nosotros podremos transformarnos a nosotros mismos cuando nosotros estemos dispuestos a trabajar con nuestros habitos, actitudes y creencias, esto es una decisión personal y una elección personal muy importante.

En nuestros días de vida descubriremos que es más fácil que cambiemos nosotros mismos a que intentemos cambiar a los demás. Que cuando hacemos estos cambios personales nos sentimos muy bien y nos deja tan buen sentimiento que nosotros queremos gritarle al mundo estas buenas noticias, para decirles que encontramos las herramientas mágicas y deseamos que los demás tengan esta misma experiencia grandiosa como la hemos tenido. Una vez más, descubrimos que no toda la gente quiere hacer cambios, que no es su elección, que no es su momento, que ellos están viviendo su proceso.

Algunos dirán que ellos quieren hacer cambios pero ellos no se comprometen a si mismos para ejercer la acción necesaria para que estos cambios sucedan y que son necesarios para que cualquiera pueda experimentar aquello que dicen que quieren. Generalmente lo que más quiere la gente son bienes, abundancia y felicidad material.

"La Ley de La Elección" nos enseña a respetar nuestras propias elecciones y también a respetar las elecciones que eligen los demás.

Hay tantas opciones que es realmente casi imposible elegir la misma cosa al mismo tiempo, elecciones similares pero idénticas, es imposible.

Nosotros podemos elegir diferentes cosas, diferentes actividades, diferentes pensamientos y emociones, diferentes sueños, diferentes metas y proyectos. Es un bufette enorme de opciones.

Ademas, hay suficiente lugar y espacio para que sucedan todas las opciones y para que todos los seres vengan a recrear o crear junto con la vida todo tipo de experiencias.

Si lo deseamos y lo elegimos a través de nuestras experiencias de vida nosotros nos podemos volver mas expertos en como vibrar en la misma frecuencia de aquello que nosotros estamos deseando vivir, entre más practiquemos nosotros esa voluntad podremos ser maestros de estas habilidades y seremos capaces de vivir nuestras elecciones de vida y experiencias más maravillosas.

Es realmente importante que nosotros estemos muy concientes y que le pongamos atención a las elecciones que queremos, porque nosotros le pensamos y ofrecemos el corazón en ellas y también nuestro enfoque, nuestra intención y nuestras acciones. Todo esto en conjunto crea una vibración en nuestro espíritu que estará atrayendo hacia nosotros aquello que nosotros estamos deseando, aquellos en lo que hemos puesto la atención y que hemos elegido hasta verlo manifestado frente a nuestros ojos. Sucede, Aun Los Sueños Grandes Suceden Solo Mira A Tu Alrededor.

Entre más tiempo pasemos pensando en algo deseado, soñando en ello, visualizándolo, sintiéndolo con nuestras emociones o con nuestros sentidos como si ya estuviese aquí, vibrando en la misma frecuencia de aquello que deseamos y si además le agregamos confianza de que llegará… Tendrá que llegar.

Confia en mi, lo verás frente a tus ojos, exactamente de la misma manera en que tu lo pensaste, asi será ó como casi siempre sucede, vendrá a ti de una mejor forma porque la vida es muy abundante y generosa con nosotros, pues la mayoría de las veces recibimos más de lo que hemos pedido. Recuerda: *"Si Elegimos en Pequeño, Pequeño Veremos."* ó ***"Si Elegimos en Grande, Grandes Sueños Veremos Hechos Realidad."***

> *"Se Consciente Y Esta Alerta De Tus Elecciones*
> *Y Ve La Foto En Grande."*
> *, ¿Hacia Dónde Te Esta LLevando Tú Elección?*
> *¿Cual Será El Resultado Que Obtendras? ¿Te*
> *Estará Dando Lo Que Tú Esperas Ó No?*
> *Se Muy Honesto Contigo Mismo,*
> *¿Si Te Estará Dando El Resultado Positivo Que Tú Quieres?*
> *¡ENTONCES VE POR EL!"*

LA LEY DE LA ATRACCIÓN

Ahora en nuestra época mas personas estamos más concientes acerca de todas estas Divinas *"Leyes Universales"* y cómo es que estas trabajan para todos nosotros todo el tiempo.

Todo inicia con *"La Ley de La Elección"* con cada elección todo comienza de nuevo, después el resto de las *"Leyes Universales"* son activadas. Si tu miras a tu alrededor tu veras una, dos ó más de las *"Leyes Universales"* sucediendo por que todas ellas están activadas ahora mismo y en este tiempo para todos y para todo.

"La Ley de La Atracción" explica que lo semejante atrae lo semejante. Cuando nosotros estamos vibrando en la misma frecuencia y en la misma vibración de aquello que estamos deseando, bum, de repente nosotros estamos allí viviendo la experiencia completa de nuestro deseo en todo su potencial de manifestación.

Todos tenemos la libertad de elegir de estas dos opciones:

1. Pasar nuestro tiempo pensando en aquello que realmente queremos vivir y experimentar, sintiéndolo, hablando de ello y vibrando en su frecuencia positiva, sintiéndonos muy bien.
2. Pasar nuestro tiempo pensando en aquello que no queremos ni vivir ni experimentar, sintiéndolo, hablando de ello, vibrando en su frecuencia negativa, sintiéndonos realmente mal.

Ambas elecciones atraen experiencias, ambas activan *"La Ley de La Atracción"* pero las experiencias que cada una atrae son muy pero muy diferentes las unas de las otras. Todos somos libres de crear con la primera opción ó con la segunda ó con ambas opciones. Nosotros estamos creando nuestra realidad positiva o nuestra realidad negativa, ¿Esta Claro?

Tan pronto hacemos una elección con nuestras vibraciones, a través de nuestros pensamientos, nuestras palabras, nuestras emociones y con nuestras acciones, nosotros activamos *"La Ley de La Elección"* después *"La Ley de La Atracción"* nos trae experiencias, personas, muchas otras cosas positivas o negativas dependiendo de nuestra vibración. En el momento en que nosotros activamos *"La Ley de la Elección"* con lo que elegimos y nos llega lo que atraemos, es entonces que una vez más nosotros decidimos si queremos lo que la vida ha puesto frente a nosotros, y nosotros elegimos aceptarlo y vivirlo ó elegimos rechazarlo.

Lo que sea que nosotros elijamos generará un resultado positivo ó un resultado negativo, y seremos responsables por cada elección y por cada resultado.

Yo te recomiendo que expandas tu conocimiento sobre como trabajan estas *"Leyes Universales"*

Para que las utilices concientemente a favor de tu mayor bienestar y el mayor bienestar de los tuyos.

<u>LA LEY DE CORRESPONDENCIA</u>

Nuestro interior es como nuestro exterior, la forma en que vibremos en nuestro interior es la misma manera que corresponde la experiencia que esta sacudiendonos en el exterior, es la realidad la que nosotros estamos manifestando. Es simple, hay cosas que son para nosotros y otras que no los son. De acuerdo a nuestras elecciones, a nuestros hábitos, a los pensamientos que elijamos pensar y hablar junto con los hábitos de nuestros sentimientos y emociones que elijamos, nosotros estaremos generando vibraciones y campos magnéticos dentro de nosotros y a nuestro alrededor que atraen aquello que deseamos y al mismo tiempo también, estamos rechazando aquello que no es para nosotros y que no vamos a experimentar.

Una pila que tiene un polo positivo y un polo negativo, ambos atraen y ambos también repelen. Cada uno atrae a su igual y repele la de su opuesto. La vida trabaja de la misma manera, la manera en que nosotros elegimos vibrar en todo momento, nosotros estaremos atrayendo la misma clase de experiencias de vida de esa vibración y rechazando sus opuestos.

Es importante que nosotros nos demos cuenta de que en ocaciones podremos intentar casi todo con tal de vivir cierta situación y no importa cuanto hagamos, simplemente no sucede, no es para nosotros. Nuestra mente puede pensar "yo lo quiero" y nuestras palabras pueden decir también "yo lo quiero" pero nuestra vibración no esta allí.

Otras veces, viviremos cierta experiencia sin que hagamos algo por ella, estaremos ahí viviéndola, es para nosotros vivirla. Nuestra mente puede pernsar no la quiero, nuestras palabras dicen no es para mi, porque tendremos que vivirla, pero sólo sucede, nuestra vibración está allí y vivimos la experiencia.

"Cuando algo es para Ti, aun cuando tu te muevas y alejes,
te llegará porque es para ti el vivirlo y el experimentarlo."
"Cuando algo no es para ti, aun si te formas en la fila, no
sucederá, porque no es para ti el vivirlo ni el experiementarlo."

La cosa sabia de hacer, es fluir, seguir vibrando alto, sintiéndonos bién y manteniéndonos alertas y enfocados en nuestras elecciones, despúes permitirle el tiempo y el espacio a la vida para que nos lo traiga, aquello que si es para nosotros y entonces disfrutarlo al máximo, siendo muy felices con la experiencia de vivir nuestras elecciones, sueños y deseos.

Nosotros tenemos que dejar ir muchas opciones para escoger sólo una elección. Nosotros podemos hacer muchas cosas con nuestro cuerpo al mismo tiempo porque el cuerpo humano es tan perfecto para realizar multiples actividades, sin embargo cuando nosotros debemos elegir una experiencia de una actividad será de una en una, a veces dos como lo es el cantar y el bailar, asi debe ser como cuando debemos elegir una emoción o un sentimiento sólo puede ser de una en una a la vez. Es difícil llorar nuestra tristeza y reir de alegría al mismo tiempo, si no es que es imposible. Nosotros podemos elegir el sentirnos con muchas emociones de alta vibración ó varias emociones de baja vibración al mismo tiempo. Lo mejor e ideal es elegir una por una de alta vibración a la vez, sentirnos bien y entonces elegir alguna actividad que deseamos llevar a cabo sintiéndonos muy bien.

Por ejemplo podemos elegir irnos de viaje, entonces será importante ahorrar el dinero que deseamos tener para cubrir los gastos correspondientes del transporte a elegir, ya sea avión, camión, automóvil, barco o tren. Ademas los gastos de hospedaje, alimentos, diversión y no pueden faltar las compras varias. Será super importante elegir primero el lugar a donde iremos, con quien o con quienes elegimos compartir nuestro viaje. Podremos reservar los boletos con anticipación y también el hospedaje. Una vez que logremos tener todo el dinero y todas las reservaciones podremos salir de viaje a vivir y crear momentos maravillosos. Si este viaje está bien planeado a nuestro favor lo podremos crear, vivir y disfrutar al máximo,

Realmente dependerá de nosotros el elegir divertirnos y disfrutar cada momento del viaje, Si el viaje no es para nosotros algún imprevisto de urgencia podría presentarse que nos haga cambiar la fecha de nuestro viaje, o de plano suspenderlo. Mas si no existe una razón de peso para cancelarlo y todo nos dice que realicemos este viaje, será muy importante elegir hacerlo realidad.

Cuando todo dice si sabremos con claridad que debemos fluir aceptando lo que la vida nos esta mandando en respuesta a nuestras peticiones.

Si la vida nos entrega momentos que no deseamos vivir digámosle - No Gracias!

Cuando ya estamos viviendo algo que no queremos vivir lo mejor es quedarnos con el beneficio que pueda traernos esta experiencia. Y darnos cuenta para que? Y porque lo estamos viviendo?

Siempre podremos obtener algo bueno de cada experiencia si asi lo elegimos.

Una vida genial seria aquella donde solo pudiéramos crear momentos positivos, favorables e increíbles uno tras otro. Es posible y dependerá de cada uno de nosotros el poder lograrlo.

La vida nos dara como resultado y cosecha solo aquello que hemos sembrado.

¡Fluye, Fluye Fluye En Armonia Con La Vida!

CAPÍTULO 2

PERMITE QUE COMIENCE LA MÁGIA

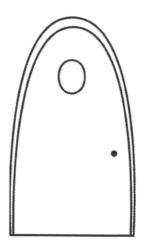

"Es Algo Maravilloso Poder Imaginar y Ver En Nuestra Mente Aquello Que Queremos Vernos Creando y Viviendo En Nuestra Realidad, Teniendo La Certeza De Que Lo Lograremos Y Que En El Futuro Cercano Lo Estaremos Viviendo Y Disfrutando."

La Magia esta siempre disponible para que todos la usemos, todos nosotros tenemos una herramienta maravillosa que es como una *"Varita Mágica"* Es nuestra propia imaginación y es un hermoso poder de visualizar e imaginar casi todo lo que deseamos.

Nuestra mente; no tiene fronteras ni limites de imaginación y de visualización, a excepción de aquellos que cada uno de nosotros elijamos señalarle.

Nosotros realmente podemos imaginar casi todo lo que queramos y deseamos, nosotros podemos verlo en nuestra mente aun antes de traerlo a la manifestación. Una vez que lo veamos en la mente, podemos expander la imagiación y visualizar la foto en grande antes de tiempo, jugar un poco con las imagenes, cambiar nuestro deseo en algunos detalles ó cambiarlo todo. Nosotros lo diseñaremos en la mente haciendo los cambios necesarios hasta que tengamos la idea clara de aquello que deseamos traer a la manifestación, podría ser, crear una cosa nueva o un proyecto nuevo, ir a comprar algo que nosotros queremos, o imaginar la experiencia que deseamos vivir, como una fiesta, un viaje familiar, una reunión de amigos, etc. Primero nosotros diseñamos en la mente la película de nuestra vida, después nosotros hacemos que suceda en el mundo real como lo es *"La Historia de Nuestra Vida."*

Cada día nosotros nos despertamos, listos para vivir las nuevas aventuras del día y las experiencias que hemos elegido en el pasado para vivirlas durante el día. Nosotros agregamos nuevas elecciones como va avanzando la mañana, hasta la tarde y seguimos eligiendo y eligiendo aún hasta la noche. Todo el tiempo estamos eligiendo, todo el tiempo.

Una cosa maravillosa que yo amo de esta información es que *"La Ley de La Elección"* esta siempre presente para apoyarnos. Nosotros podemos hacer una elección en cualquier momento y podemos siempre cambiar nuestra mente. Nosotros podemos cambiar nuestras elecciones, nuestros sentimientos, nuestras emociones, nuestros pensamientos, nuesttras vibraciones y nuestras acciones de manera que nosotros veamos manifestarse aquello que nosotros realmente queremos vivir y experimentar. Una vez que nosotros hemos decidido y creado en nuestra mente lo que queremos vivir y crear nosotros podrémos tomar las acciones correspondientes y vivir nuestra experiencia con todos los sentimientos y emociones que quisieramos, sintiendo amor, alegría, felicidad, etc… y comprometernos a dar los pasos necesarios en secuencia prioritaria perfecta hasta alcanzar realizar aquello que queremos vivir:

FELICIDAD

La Felicidad es una elección, elígela y permitela, Ven y atraviesa por la Puerta de La Felicidad y quédate detrás de ella tanto tiempo como tu quieras y hazlo tantas veces como tu lo desees. Tú eres el único que sabe que es lo que te hace feliz. Vibra felicidad y haz todo lo que te hace feliz. Acepta invitaciones a actividades que te hacen feliz. Invitate a Ti Mismo al cine, al teatro, a viajar ó a una cena deliciosa. Cómprate regalos, date regalos, bién sólo haz todo lo que hará que tu día sea mejor y mas feliz ¡ok! ¿Te gusta sentirte feliz? Yo sé que sí, Todos amamos estar felices. Entonces ¡Se Feliz! Intenta algo ahora mismo. Haz que tu mismo tengas un mejor momento mientras estas leyendo, ¿Te gusta escuchar música clasica? ó ¿Música instrumental? ó quizás ¿Melodias romanticas? Bueno yo no voy a elegir por ti. Tú decides y tú eliges que hara de tu tiempo de lectura una más feliz y mejor experiencia para ti mismo. ¿Tú quieres tener un vaso con agua? ¿Una copa de vino blanco o tinto? ¿Encender una vela? Quizás ¿Oler un poco de incienso? Yo sólo te estoy dando algunas ideas. Yo amo crear un momento especial para mi mismo mientras leo, de hecho mientras hago casi todo. Yo siempre me pregunto – *"¿Cómo puedo tener un momento feliz y mejor?"*

En mi mente yo siempre puedo escuchar esta canción maravillosa, de Bobby Mc Ferrin

"Don't worry... ...Be Happy..."

ó yo canto la letra de mi comercial favorito de la T.V.:

18

"Yo Soy Feliz porque Yo Estoy Creando
ó
Yo Estoy Creando porque Yo Soy Feliz."

Es tan maravilloso el poder de como hemos sido creados y cómo podemos crear cada una de nuestras experiencias, sueños, deseos, metas, proyectos con todos los ingredientes de felicidad que nosotros queramos en un orden tan perfecto, con una sincronización exacta con todos, fluyendo aquí y allá viviendo nuestra maravillosa vida… …y todo funciona muy bien para todos es posible, cuando todos asi lo elegimos.

Te sugiero: Si tu gustas Elige Crear tu siguiente experiencia Feliz escuchando la canción de Pharrell Williams:

"HAPPY, HAPPY, HAPPY…"

Ahora vayamos a explorar diferentes emociones y actividades visualizándolas detrás de Puertas Imaginarias.

LAS PUERTAS

Hemos llegado al momento mágico para que yo les presente *"Las Puertas."* Por favor permite que tu mente se abra a las nuevas ideas y siéntete volando libremente…

(Todos nosotros estamos familiariazados con las puertas físicas porque éstas existen en el Mundo para diferentes razones y propósitos, especialmente para marcar fronteras y límites de los espacios privados.)

...En esta nueva perspectiva de visualizar estas Puertas imaginarias, es un poco diferente, todas y cada una de estas Puertas, tienen su propia vibración y su frecuencia propia, y nosotros podrémos identificarlas con facilidad con la practica que hagamos en cada día.

Yo ahora te comparto la forma en que yo elijo imaginar estas Puertas, sígueme con tu imaginación, cada Puerta tiene la forma de un arco y tiene una pequeña ventanilla circular por la cual podemos ver, que puede tener perilla o no tenerla, eso depende de ti, en la parte superior de la Puerta hay un letrero, en este letrero nosotros leemos la vibración emocional de la Puerta.

Tu imaginación es escencial todo el tiempo y estarás activandola más y más. Casi todo el tiempo, especialmente cada vez que tu decidas poner en acción *"Las Puertas de Tú Éxito."*

LAS PUERTAS DE TÚ ÉXITO

Imagina que tú puedes visualizar estas Puertas emocionales imaginarias en todas partes a donde tú vayas y que estas Puertas imaginarias te están invitando a entrar en ellas y a vivir muchas experiencias de la misma clase de vibración y frecuencia de la Puerta a la que decidas abrir y entrar. Sólo hay dos tipos de Puertas: *"Puertas de Alta Vibración"* ó *"Puertas de Baja Vibración"*. Aquí tenemos algunas de las *"Puertas de Alta Vibración"*:

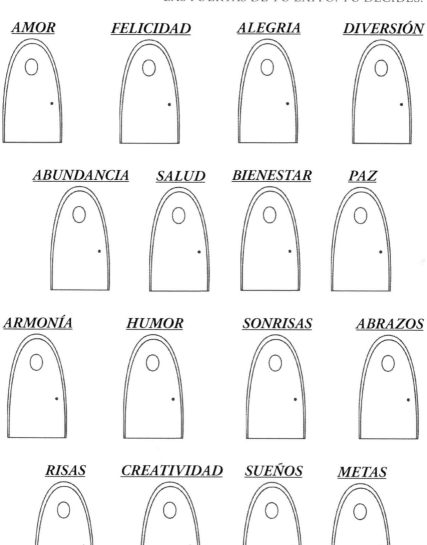

AMOR FELICIDAD ALEGRIA DIVERSIÓN

ABUNDANCIA SALUD BIENESTAR PAZ

ARMONÍA HUMOR SONRISAS ABRAZOS

RISAS CREATIVIDAD SUEÑOS METAS

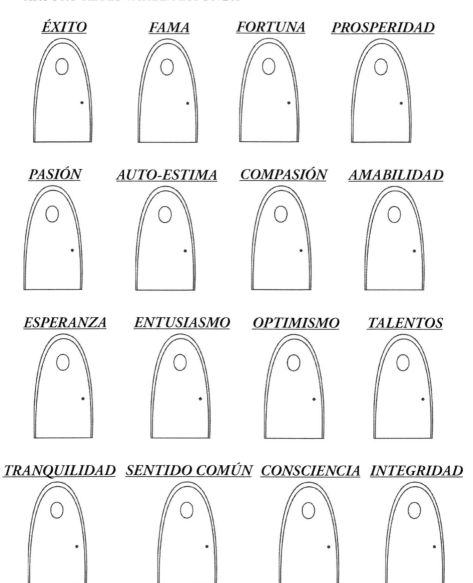

ÉXITO FAMA FORTUNA PROSPERIDAD

PASIÓN AUTO-ESTIMA COMPASIÓN AMABILIDAD

ESPERANZA ENTUSIASMO OPTIMISMO TALENTOS

TRANQUILIDAD SENTIDO COMÚN CONSCIENCIA INTEGRIDAD

LA GENEROSIDAD

Detrás de la Puerta de *"La Generosidad",* tu recibiras muchísimo generosamente por parte de la vida y también darás generosamente a la vida. Esto es de lo que se trata esta Puerta.

Cada Puerta tiene su propia frecuencia energética y su propia vibración. Entre más tiempo pases detrás de cierta Puerta, esta te dará generosamente experiencias de su clase y te entrenará hasta que tú te vuelvas un maestro de esa vibración.

Después de algún tiempo, habrá días en los que tú sentirás que ya sabes todo acerca de una o de más Puertas y de su vibración, sólo para descubrir que la próxima vez que entres a ellas, esa frecuencia de esa Puerta te sorprenderá con experiencias hermosas y poderosas de su clase.

Todas las Puertas son tan abundantes que siempre nos sorprenden, una y otra vez con experiencias nuevas y frescas cada nuevo día. *¡Es Una Vida Muy Hermosa y Muy Generosa Que Siempre Nos Da Más De Lo Que Pedimos!*

ALGUNAS VECES

Hay momentos en los que tú puedes sentir indecisión y duda acerca de cual será la siguiente Puerta a entrar, cuando esto te suceda yo te recomiendo que tú entres a la siguiente *"Puerta de Alta Vibración"*:

EL EQUILIBRIO

Detrás de la Puerta de *"El Equilibrio"* tu sentiras una sensación hermosa de equilibrio mezclada con:

PAZ , *ARMONIA* , *TRANQUILIDAD* y *RELAJACION*

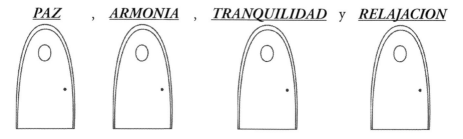

Estos sentimientos llevarán a tus niveles de energía a muy altas frecuencias vibratorias, permitiéndote tomar tu tiempo y estar listo en breve, para tomar la siguiente elección a otra *"Puerta de Alta Vibración."*

Se siente tan bien estar en equilibrio. Nosotros podemos perder nuestro equilibrio cuando nosotros no estamos alertas ó cuando la tierra debajo de nosotros se mueve, y cuando sentimos duda y no sabemos a que Puerta elegir estar detrás, elige entrar a la Puerta de *"El Equilibrio"*, respira inhala y exhala por un momento estas sensaciónes maravillosas quédate detrás de ella por el tiempo que tu lo quieras, los buenos sentimientos te ayudarán a hacer tu siguiente movimiento. Tú también puedes practicar regresar a estar detrás de la Puerta de *"El Equilibrio"* cada vez que tú quieras cambiarte de una Puerta a otra Puerta, por ejemplo:

EQUILIBRIO   *DEPRESION*   *EQUILIBRIO*

  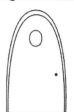

Durante diferentes etapas de mi vida experimente depresiones en Alta y en Baja frecuencia, me diagnosticarón con el Transtorno Bipolar Afectivo cuando yo tenia 20 años. Esta situación me llevo a vivir etapas muy caóticas tanto a mi persona como también a mis familiares y amistades. Con el tiempo creci, madure y me hice responsable tanto de administrar con diciplina y regularidad mis medicamentos como lo fue regresar a la Puerta de *"El Equilibrio"* y quedarme allí. Esto me ha permitido poder vivir estable y eligiendo *"Puertas de Alta Vibración"* que me dan una vida plena y saludable. No más depresiones, ni para arriba (Mania) ni para abajo (Depresión). Ahora vivo una vida muy conciente y muy estable gracias a la combinación de la suma de excelentes elecciones enfocado en mi Bienestar, en mi Salud, en Amarme a Mi Mismo y en Mi Éxito.

He recibido un apoyo y ayuda incondicional de mis médicos, familiares, amistades y coaches. Es un éxito colectivo.

Uno de mis mayores retos fue el dedicar varios años de mi vida para encontrar que partes de mi no amaba y que areas de mi vida no amaba y en consecuencia no estaban funcionando. Y dedicar años a amarme poco a poco para lograr aceptar mis debilidades, mi oscuridad y lo que no me gustaba de mi mismo. Como lo fue que muchos años elegi ser muy complaciente y decía si muchas veces a muchas personas, y al final al ultimo que le decía si era a mi mismo. Esto creo mucho odio hacia mi mismo por no saber decir no de manera honesta, me costo años poder decir no cuando realmente quería decir no, aun cuando para los demás fuese un si, si para mi era un no aprendi a decir no gracias, y comencé a amarme, a escucharme y a complacerme a mi mismo, hoy me es muy fácil ser honesto y decir si y decir no con facilidad, y si no tengo claro uno o lo otro contesto con educación en este momento no se que decirte, permíteme pensarlo.

Hoy he llegado a un momento en mi vida en que me amo y me lo demuestro no solo con compras, si no con muchos detalles y el principal es que amo mi solitud, amo cuando estoy conmigo a solas y también me amo cuando estoy con alguien mas a quien amo y con quien elijo y decido crear un momento maravilloso, también lo hago en grupos y con diferentes equipos, con mi equipo de amigos y con mi equipo familiar.

Hoy mi familia y yo trabajamos en equipo a favor, apoyándonos y ayudándonos de una manera sana y cordial, es algo que pensé nunca seria posible hasta que tuve la hermosa oportunidad de trabajar como coach para una hermosa familia que me enseño que trabajar en equipo es muy posible hacerlo en familia con mucho Amor. Ahora estoy en la tarea diaria de mejorar como colaborador de mi familia y de hacer que seamos un equipo padrísimo,

La situación donde tú te encuentres es importante y tú puedes lograr alcanzar Tú Bienestar, Tú Salud, Amarte a Ti Mismo, Hacer Realidad Tus Metas y Tú Éxito. Entra a la Puerta de *"El Equilibrio"* y permanece allí, mientras sigues eligiendo entrar a otras *"Puertas de Alta Vibración."*

HAZLO FÁCIL Y SENCILLO

Cada vez que tú elijas entrar a cualquier *"Puerta de Alta Vibración"*, una vez que estes detrás de ella relájate y siente su frecuencia y su vibración, siéntela con todos tus sentidos y disfruta la experiencia de cada Puerta.

Si es una Puerta de acción y de mucha actividad, disfruta el viaje y permitete a ti mismo estar muy presente en el momento, disfruta de todo su potencial. Haz la experiencia tuya.

Si es una Puerta emocional, siénte la emoción y todos los sentimientos que vienen junto con la experiencia de la vibración de la Puerrta. Permitete fluir y seguir adelante, quédate detrás de ella hasta que tú sientas que esta bien estar alli. Despues muévete a la siguiente Puerta emocional y también incluso a la siguiente Puerta de actividad de tu elección.

"Hazlo fácil y sencillo" para ti, fluye y sigue haciendo cosas que te hacen sentir muy bien y asegúrate de quedarte detrás de Puertas emocionales positivas *"Puertas de Alta Vibración."*

Grandes maestros comentan que es excelente tener rituales y rutinas que nos ayuden a tener un orden de la a,b,c,d y hasta la z, que si los seguimos día a día podremos tener unos hábitos buenísimos que nos den mucho Bienestar, por ejemplo: iniciar el dia dando gracias, meditando, visualizando, haciendo ejercicio, ir al baño, lavar nuestros dientes, desayunar sanamente, hacer de tres a 5 comidas por día, decir palabras positivas, afirmaciones y decretos, ser proactivos en lugar de reactivos. Tener la costumbre de hacer nuestras actividades por orden de importancia de una manera prioritaria que nos ayude al llegar el fin de semana el haber completado muchos de nuestros objetivos, metas y retos de cada semana, en las diferentes areas de nuestra vida.

Algo maravilloso es irnos a dormir sintiéndonos muy bien, agradecidos por todo lo vivido en ese día, quizás meditar antes de dormir y conservar ese sentido de bienestar, seguramente por la mañana nos despertaremos sintiéndonos muy bien con la misma sensación de bienestar, más aun descansados y cargados de energía para tener un día maravilloso y así pueden ser todos nuestros días.

Una de las mejores maneras de hacer que tu vida sea fácil y sencilla, será cuando tu te conozcas bien y seas tu natural, tal y como eres en automatico, en tu mejor versión, con tus valores, con tus principios, con tus buenos habitos, dedicado a hacer lo que mas amas hacer y habiendo crecido, lo cual significa que eres un experto en ser tu mismo y en hacer lo que mas amas hacer de manera fácil y sencilla.

Podras querer imitar a otros, la mejor receta será ser Tu Mismo todo el tiempo, claro que te podras pulir y transformar varias veces a lo largo de toda tu vida. Conserva tu esencia y tu autenticidad esa será tu mejor manera de dejar huella en esta vida, de lo que has venido a compartir y a crear.

CAPÍTULO 3

UNA EXPERIENCIA HERMOSA

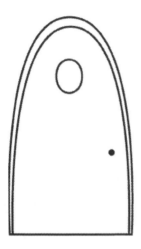

*"Reconozco Que Entre Más Veces Damos Las Gracias
Por Todo Aquello Que Vivimos, La Vida Nos Da Más
Y Más De Las Experiencias Hermosas Por Las Cuales
Amamos Dar Gracias. Se Multiplican Constantemente
Dia con Dia, Momento Tras Momento."*

Una de mis cosas favoritas de la vida es sentir el agradecimiento, algunas veces al empezar el día, otras cuando el día termina, o antes y después de que vivo una experiencia hermosa, yo sólo amo elegir entrar después de ello en la siguiente *"Puerta de Alta Vibración"*:

YO SOY AGRADECIDO

Yo siento la vibración hermosa dentro de mí cuando estoy dando gracias por todos los regalos que la vida me da y que nos da a todos. Yo expreso mi agradecimiento por estar vivo, por la salud de mi cuerpo, mente y espiritu, por mi hogar calido, por mis relaciones amorosas con mi familia y mis amistades. Hay tanto de que estar agradecidos y yo amo esto. ¿Tú también amas sentirte agradecido?

Yo doy gracias casi a todo. Cuando salgo diariamente a mis caminatas en el parque o en la playa, con cada paso que doy, doy gracias diciendo: gracias con cada paso que doy y lo grabo dentro de mi mente o lo expreso en voz alta, diciendo gracias, gracias, por cada paso. Así yo disfruto mis conexiones con todos los elementos de la naturaleza en este Hermoso Mundo. Yo también hago mis caminatas de agradecimiento en la ciudad y disfruto los árboles, de las plantas y de observar los edificios impresionantes, los diseños de las casas y de todo el arte que está por todas partes alrededor de la ciudad. Vivimos en una época en la que hay tantos avances científicos por los cuales dar gracias.

Al dar gracias mi corazón y mi alma, bueno todo mi cuerpo se siente muy bien y mi vibración energética se eleva inmediatamente.

Si tú quieres, tú puedes tener tu diario de agradecimientos, tu cuaderno de agradecimientos. Tú puedes escribir todos los días acerca de todo lo que estás agradecido de tu pasado y de tu presente.

Tú también puedes escribir acerca de lo deseas para tu futuro y estár agradecido anticipadamente antes de que suceda, asegúrate de escribir acerca del futuro en tiempo pasado como si tus experiencias ya hubiesen sucedido. Se especifico y general acerca de lo que estas agradecido y desarrolla el maravilloso habito de ser Agradecido. Confia Y Veras Tus deseos hechos realidad.

"Ser Agradecidos Hace Que Mas Cosas Buenas Nos Lleguen."

"Vuelve Al Agradecimiento. Un Excelente Habito. Parte Escencial de Tu Dia, de Tu Noche y de Toda Tu Vida."

EL PASILLO DE LAS PUERTAS

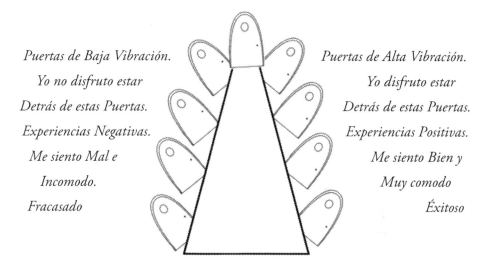

Puertas de Baja Vibración.
Yo no disfruto estar
Detrás de estas Puertas.
Experiencias Negativas.
Me siento Mal e
Incomodo.
Fracasado

Puertas de Alta Vibración.
Yo disfruto estar
Detrás de estas Puertas.
Experiencias Positivas.
Me siento Bien y
Muy comodo
Éxitoso

Yo disfruto visualizar un pasillo muy largo con muchas Puertas en ambos lados del pasillo. Yo elijo imaginar que todas las Puertas del lado IZQUIERDO del pasillo tienen algo en común, ellas son de baja vibración, cuando entro a cualquiera de ellas no me gusta, me siento mal e incómodo, fracasado. Las experiencias detrás de ellas son negativas y yo me descubro vibrando de la misma vibración baja y negativa como ellas lo hacen, cada vez que entro y permanezco detrás de ellas.

En el lado DERECHO del pasillo, las Puertas también tienen algo en común, ellas son de alta vibración, cuando yo entro en ellas me gusta, yo me siento bién, cómodo y éxitoso. Las experiencias detrás de ellas son positivas con excelentes resultados positivos y me descubro vibrando en la misma vibración alta y positiva como ellas lo hacen al estar yo detrás de ellas y amo permanecer allí.

Mi elección es mantenerme fuera de las Puertas del lado izquierdo del pasillo y entrar a las Puertas del lado derecho del pasillo, y quedarme detrás de ellas más y más, sintiéndome bien y mejor todo el tiempo. Y lo mismo te sugiero.

Cuando tu llegues a imaginar y visualices tu pasillo de las Puertas, tu podrás identificar las Puertas donde tu te sientes bién, cómodo y exitoso a diferencia de aquellas donde tu te sientes mal, incómodo y fracasado.

Yo llámo a estas Puertas de dos tipos: *"Puertas de Baja Vibración"* Y *"Puertas de Alta Vibración"*

Todos nosotros amamos sentirnos bien, así que la mayoría haremos lo mejor que podamos para entrar mas a través de esas *"Puertas de Alta Vibración"* Disfrutando de nuestras creaciones de vida positivas y de nuestras propias experiencias de vida.

En otras ocaciones nos encontraremos a nosotros mismos detrás de *"Puertas de Baja Vibración"* y a nosotros no nos van a gustar ni nuestras creaciones de vida negativas, ni nuestras experiencias de vida negativas. Pero si hacemos un lindo trabajo positivo con nosotros mismos, nosotros siempre podrémos aprender muchas lecciones; de la manera difícil pero buenas lecciones al final que nos ayudan a amarnos más a nosotros mismos, a amar a los demás y amar la vida de una manera mas apreciada.

Nuestra historia personal que cada uno de nosotros estamos creando, esta hecha de ambas, es decir de nuestras experiencias de vida positivas como de las negativas. Todas nuestras experiencias nos ayudaran a saber ¿Cuales Puertas son de Alta Vibración? Y ¿Cuáles Puertas son de Baja Vibración? Es muy sencillo detrás de *"Puertas de Alta Vibración"* Nosotros nos sentimos bien y detrás de *"Puertas de Baja Vibración"* Nosotros nos sentimos mal.

La lección más importante que nosotros podemos aprender en nuestra vida después de muchas creaciones negativas y de muchas creaciones positivas, es el mantenernos tanto como podamos detrás de *"Puertas de Alta Vibración"* Y detrás de ellas crear todas nuestras experiencias con resultados positivos. Y hacer esto más y más, perfecto.

Nosotros debemos ver a otros creando sus experiencias de vida ya sea detrás de *"Puertas de Baja Vibración"* Y/Ó detrás de *"Puertas de Alta Vibración."*

Muy sencillo de ver y observar. Algunos se estarán quejando de algo y otros estarán celebrando la vida, es una gran diferencia. Elige estar detrás de *"Puertas de Alta Vibración"* Y hasta entonces crea tus experiencias de vida positivas. Con los mejores resultados positivos y momentos grandiosos. Todos nosotros estámos creando nuestra vida. ¿Tu Que Eliges?

¡Elije Lo Mejor de Lo Mejor!

EL BUFETTE

Ahora imagina la vida con un enorme buffette de Puertas imaginarias, este buffette consiste de ambas *"Puertas de Baja Vibración"* Y de *"Pueras de Alta Vibración"* Todas y cada una de las Puertas tiene su propia frecuencia y su propia vibración. Todas estas Puertas nos están invitando a entrar a ellas y a quedarnos detrás de ellas creando nuestras experiencias de vida.

Todas las Puertas nos darán muchas experiencias, muchas lecciones y nos entrenan con su vibración, nosotros nos podemos volver expertos en una ó más vibraciones, dependiendo de dónde nosotros elijamos poner nuestro tiempo y energia.

Es en realidad como cuando vamos a un restaurante a disfrutar de un bufete de medio día donde hay tanta comida, tantas opciones diferentes, algunos platillos nos gustarán más y otros no, nosotros elegiremos comer algunos y otros ni siquiera los probaremos. Algunos de nosotros podrémos comer y beber repetidas veces pero otras ocaciones diremos nunca más. Formula buenas elecciones del Bufete de Vida de las Puertas. Visualiza en tu mente la foto en grande de tu vida, ¿Hacia dónde te están llevando tus elecciones a ti, a tus seres amados, a tus amistades, a tus colaboradores? Si el resultado que tu ves es uno que te tráe tu mayor bien y el mayor bien de otros, hazlo. Yo te garantizo una vida muy feliz para ti y para aquellos que están contigo. ¡Feliz! ¡Feliz¡ ¡Feliz!

LA CURIOSIDAD

La Puerta de *"La Curiosidad"* es una muy bella, muchas veces nosotros necesitamos sentir la curiosídad dentro de nosotros para que asi nosotros podamos seguir adelante y vivir una experiencia especifica, tan pronto nos encontrámos detrás de la Puerta de *"La Curiosidad"* nuestros sentimientos de curiosidad estarán fluyendo dentro de nosotros. Nos ayudará a entrar a muchas Puertas. Algunas veces nos ayudará a entrar a Puertas a las cuáles somos atraídos por su vibración y en otras ocasiones entraremos porque no tenemos ninguna idea de lo que vamos a encontrar y a experimentar. Como cuando vamos caminando y de pronto nos sentimos atraídos a entrar a una tienda donde nunca antes hemos estado pero hay algo que nos jala a entrar, sólo para encontrar en esa tienda aquella cosa que estábamos buscando por un largo tiempo, o encontramos un regalo para alguien a quien amamos.

La vida esta llena de magia y utiliza todas sus Puertas de manera que nosotros podamos obtener aquello que estamos pidiendo y también para enseñarnos las lecciones que debemos aprender de diferentes experiencias.

La Puerta de la Curiosidad es una Puerta de mucha ayuda cuando nosotros necesitamos vivir una experiencia que es fundamental que vivamos, asi la puerta nos invita a entrar y nosotros sentimos la curiosidad de continuar buscando en su interior, nosotros sentiremos esta energía interna, un impulso de seguir buscando y observando.

Digamos por ejemplo que algunos amigos nos dijeron que brincar desde un avión en paracaídas acompañándonos con un entrenador era una experiencia fantástica y nosotros decimos *"Guau"* y nosotros sentimos la curiosidad de vivir la misma experiencia a nuestra manera. Es algo ya conocido para otros pero desconocido para nosotros tambien, hasta que nos permitamos vivir la experiencia y que nosotros descubramos como lo es para nosotros, aquí es cuando la curiosidad nos lleva y nos ayuda a vivir la aventura.

Definitivamente es excitante entrar a algunas puertas por curiosidad. Habrá algunas que disfrutemos y otras de las cuales nos arrepintamos haber entrado o recorrido. Las lecciones que podremos recibir nos enseñaran a distinguir que es lo que si nos permitimos y que es lo que no nos permitimos, que le permitimos a los demás y que no les permitimos a los demás.

Ser curioso es algo natural. Esta Puerta puede sacarte de tu enfoque y de tu camino, y el resultado puede ser excelente o terrible, Depende de ti. De como elijas ver tu experiencia. Si te acercó a lo que tu querias o si te alejó de ello.

"La Puerta de La Curiosidad tiene sus propios riesgos y lecciones en sus aventuras como cualquiera de las demás Puertas. Una Puerta Abre la Siguiente."

ESTAR ALERTA

Es muy importante *"Estar Alerta"*, atento, conciente y escuchando a nuestra voz interior, escuchando a nuestro corazón y sobre todo nuestra intuición.

Recuerda seguir los siguientes pasos antes de cada una y de todas tus elecciones y actividades diarias:

1. Entra a la Puerta: *Yo Soy Honesto/a Conmigo Mismo/a* y quédate allí todo el día.
2. Entonces observa tu: *Pasillo de Puertas*

Ser Honestos con nosotros mismos es la Regla # 1 de *"Las Puertas de Tú Éxito"* para que no haya ilusiones sino sólo verdad dentro de nosotros, como ya lo sabes ahora. Al ser honestos, es muy fácil y sencillo imaginar y visualizar nuestro *"Pasillo de Puertas."*

Ser honestos con nosotros mismos nos permite identificar aquellas Puertas donde nos sentimos cómodos cuando nos encontramos detrás de ellas, diferenciándolas de aquellas Puertas donde nos sentimos incómodos cuando estamos detrás de ellas también.

Entonces, teniendo tanta claridad, tú haces tu elección, ¿A que Puerta vas a entrar ahora?

Tú decides si entras a través de una *"Puerta de Alta Vibración"* O si entras a través de una *"Puerta de Baja Vibración."*

Tú serás capaz de imaginar, visualizar y de reconocer todas las Puertas, porque todas las personas están detrás de las Puertas todo el tiempo y todas las Puertas tienen diferente vibración y frecuencia dependiendo de dónde este la gente eligiendo estar detrás. Es como las estaciones de radio, hay muchas de ellas pero nosotros podemos identificar cuáles nos gustan y cuáles preferimos no escuchar.

Normalmente nosotros haremos lo mejor posible cuando hagamos nuestras decisiones concientes para estar más tiempo detrás de aquellas *"Puertas de Alta Vibración"* Donde nosotros nos sentimos muy bien, cómodos y logrando éxitos constantes.

Aún cuando algunas veces nosotros estamos detrás de *"Puertas de Baja Vibración"* donde nos sentimos mal y nos quedamos allí por largo tiempo podemos obtener ganacias escondidas. Pero es incongruente quedarnos allí, especialmente entre mas concientes nos volvemos.

Practicando el visualizar las Puertas pronto te hará un experto para ver a los otros detrás de las Puertas, y tú podrás leer si ellos se encuentran detrás de *"Puertas de Alta Vibración"* O detrás de *"Puertas de Baja Vibración."*

EL OTRO LADO

En este hermoso Planeta al cual podemos reconocer como Dual por sus energías opuestas, en el que nos encontramos viviendo y creando nuestras experiencias, la vida tiene todo el buffette de Puertas disponible para todos nosotros todo el tiempo. Nosotros tenemos *"Puertas Emocionales de Alta Vibración"* y aquellas a las cuales yo les llamo el otro lado del pasillo *"Puertas Emocionales de Baja Vibración."*

Aquí comparto contigo algunas de las *"Puertas de Baja Vibración"* Detrás de estas Puertas nosotros preferimos no permanecer mucho tiempo.

Aún cuando nosotros tenemos la libertad de estar detrás de la Puerta de nuestra elección por el tiempo que querramos, chécalas, estas son algunas de ellas, obviamente hay muchas más que estas *"Puertas de Baja Vinbración"*:

MIEDO   **TRISTEZA**   **ODIO**   **RESENTIMIENTO**

JUZGAR   **CULPA**   **VERGUENZA**   **CONMISERACIÓN**

CHISME   **NEGATIVIDAD**   **CRÍTICA**   **ENOJO**

HERIDAS   **ABANDONO**   **RECHAZO**   **GUERRA**

INJUSTICIA   **_ENFERMEDAD_**   **_NEGACIÓN_**   **_DEPRESIÓN_**

ADICCIONES   **_SUFRIMIENTO_**   **_TRAICIÓN_**   **_VENGANZA_**

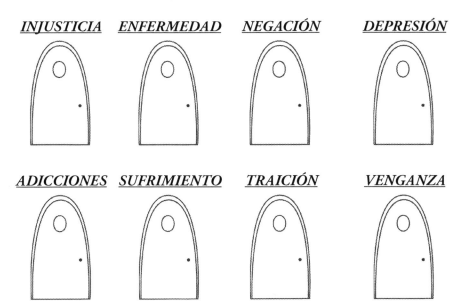

Cuando vemos a alguien a quien amamos, y también a alguien a quien conocemos o quizás a alguien pidiéndonos ayuda detrás de cualquier **_"Puerta de Baja Vibración"_** nuestro instinto natural es querer ayudarles a salir de alli, porque queremos verlos sintiéndose bién y mejor detrás de **_"Puertas de Alta Vibración"_** y los queremos fuera de cualquier sentimiento, emociones y experiencias que son resultado de la vibración baja y negativa por estar detrás de **_"Puertas de Baja Vibración."_**

Es importante que nosotros reconozcamos que cuando alguien, incluyéndonos a nosotros mismos entramos a cualquiera de estas **_"Puertas de Baja Vibración"_** Normalmente nos quedaremos allí detrás por un tiempo viviendo las experiencias con todas nuestras emociones y sentimientos, viviendo momentos difíciles y lecciones molestas hasta que cada uno de nosotros este listo para seguir adelante, salir de ellas y entrar a **_"Puertas de Alta Vibración."_**

Cuando nosotros queremos ayudar a alguien más, es muy importante que nosotros nos sintamos muy bién, que estemos muy fuertes para ofrecer nuestra mano y nuestro hombro, y es muy importante que estemos detrás de *"Puertas de Alta Vibración"* Y que nos quedemos detrás de ellas sintiéndonos muy bien y fuertes, y vibrando alto todo el tiempo. Compartiendo nuestro Amor y nuestras vibraciones altas.

CAPÍTULO 4

AYUDANDO

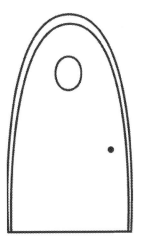

*"Si Necesitas Ayuda, Se Honesto Y Humilde Para Pedir La Ayuda.
Si Alguien Te Desea Dar Algo, Abre Tu Corazón Y Tus Brazos
Y Agradécele Recibe Con Amor. Si Tu Puedes Dar De Ti, De
Tu Tiempo Ó De Tu Mano A Alguien Más, Sentiras Emociones
Y Sentimientos Tan Bellos Que Querrás Seguir Ayudando."*

Ayudar es algo hermoso que todos nosotros sabemos y amamos hacer, es realmente un deseo natural ayudar a otros y esto siempre nos hace sentirnos muy bien y útiles.

Cuando tú decidas ayudar a alguien, yo te recomiendo que primero entres a las siguientes *"Puertas de Alta Vibración"*:

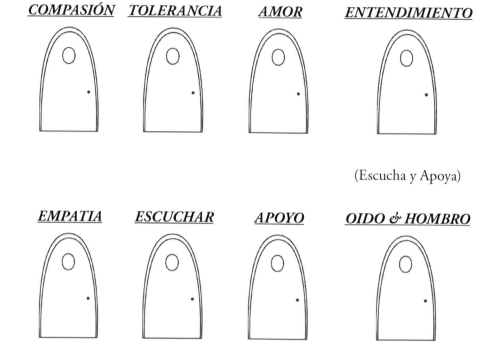

COMPASIÓN	TOLERANCIA	AMOR	ENTENDIMIENTO

(Escucha y Apoya)

EMPATIA	ESCUCHAR	APOYO	OIDO & HOMBRO

1, 2, 3...

DAR

Dar un regalo, una sorpresa, una sonrisa, un abrazo, etc...
Para la mayoría de nosotros dar es fácil y sencillo y ayudar
a otros hace feliz a nuestro corazón. Hay infinitas maneras
de dar y ayudar a otros y a nosotros mismos.
Fluye Naturalmente vive dando lo que si puedes dar.
Vamos a Darle a la vida un poco de tanto que hemos recibido.

RECIBIR

Recibir una sorpresa, un abrazo, un beso, una sonrisa, ayuda,
etc… Recibir para muchos de nosotros es fácil y sencillo
es un sentimiento espléndido. Especialmente cuando éramos
niños y cuando nos lo permitimos, Algunos adultos no están
abiertos para recibir ayuda, un regalo, ni nada porque están
heridos. Abre tus brazos ampliamente para recibir todo lo que la
vida tiene aquí y para Ti. Hay Suficiente para Todos.

PEDIR

Pedir es un Arte. No es tan fácil, ni tan sencillo. Muchas veces
Nos Sentimos avergonzados para pedir ayuda, pero cuando
abrimos nuestro corazón, siendo honestos con nosotros y con el
Mundo y su alrededor y le expresamos la ayuda que
Necesitamos para sentirnos bién como lo están haciendo
Otros al estar detrás de *"Puertas de Alta Vibración."*

LAS NEGOCIACIONES INTERNAS

Mis excompañeros de la preparatoria y yo nos reunimos para celebrar cierre de año del 2015. Tuvimos una reunión maravillosa, risas, recuerdos, pláticas y juegos mientras degustábamos de una deliciosa comida y su cafesito respectivo.

Marcela Cuadros quien es hermana de Silvia Cuadros mi amiga y compañera de la preparatoria nos conto una experiencia que me dio mucho gusto escuchar y le pedi permiso para poder contárselas a ustedes aquí en este momento. Ella nos dijo que durante muchos años no se pérmitio recibir muchas cosas, simplemente no se abria a recibir cuando alguien mas le quería regalar algo. Ella tuvo una relación de pareja la cual termino por diferentes circunstancias personales y acuerdos de ambos. Después de algún tiempo de haber cerrado su relación de pareja, ellos se volvierón a encontrar. Su ex novio le comento: "Te quiero comprar un automóvil." Marcela inmediatamente respondio de una manera defensiva: ¿A Cambio de Que?

Y el amorosamente le dijo de nada, simplemente se que te ayudara en tu vida y te lo quiero regalar. Al principio dudo en aceptar por su patrón de rechazo a abrirse a aceptar. Nos dijo: aprendi que me veía hasta como una persona soberbia y grosera al no aceptar la ayuda de los demás, como lo hizo en muchas ocasiones anteriormente.

En esta ocasión al negociar con ella misma en la que ella no tenia ningún compromiso de ningún tipo con el ex novio, más allá de cuidarse y de disfrutarlo. Ella finalmente acepto y hoy disfruta de su automóvil con singular alegría.

Después de que ella se abrió a recibir, cambio dentro de ella su patrón y se abrió a recibir mas de manera sencilla y con humildad cuando alguien mas le deseaba regalar algo. Siguio contándonos que a ella le encantaba ayudar. Y en algúna ocacion conocio a un señor taxista que le llevo a la dirección a donde ella se dirigía. Al ir compartiendo el señor taxista se abrió con ella y le compartio de la necesidad económica que tenia para un compromiso medico, Marcela al bajar del taxi le dijo yo le ayudo, y le dio el dinero al señor. El señor le pidió que por favor le llamase cada que necesitara de ir a algún lugar. Al pasar el tiempo ellos siguieron viéndose y un dia el señor taxista le dio el dinero que le había dado Marcela. Ella le dijo no no no. Yo se lo regale.

El le dijo no señorita permítame regresárselo y pagarle, usted hizo algo por mi que ninguno de mi familia estuvo dispuesto a hacer, ni mis hijos, y estoy muy agradecido con usted. Marcela le acepto el dinero y hasta la fecha ella le sigue llamando al señor y el la lleva a sus diferentes destinos cuando ella decide no manejar su automóvil.

Nos dijo cambie, dar para mi era fácil, recibir me costo crecer pero lo logré. El señor nunca le pidió a ella nada, solo le comento su situación. Habramosnos a comentar de nuestras necesidades siempre habrá alguien que como Marcela se nos presente con un enorme corazón y con unas ganas hermosas de ayudar.

EL ABANICO

Piensa en tus actividades favoritas, en aquellas que más amas hacer y practicar, y abre tu abanico de opciones para hoy y para cada dia. Tú puedes imaginarlas todas juntas y después hacer tu mejor elección, por ejemplo: aquí tienes un abanico de diferentes posibilidades, haz tu propio abanico de Puertas de actividades, suma las maravillosas *"Puertas Emocionales de Alta Vibración"* a tu experiencia y haz tu mejor elección para vivir un momento maravilloso:

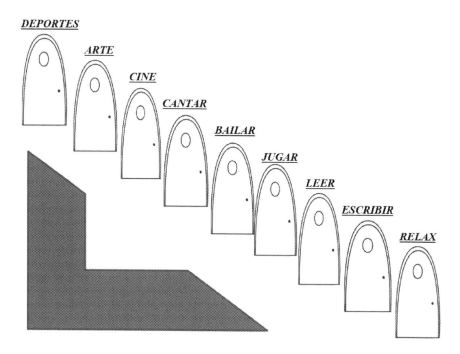

Ya que hemos elegido sentirnos bien, tenemos una cantidad de buenas opciones de las cuales elegir cual o cuales seran las actividades que deseamos llevar a la práctica, mientras nos seguimos sintiendo muy bien. Todas las actividades u opciones serán de *"Puertas de Alta Vibración."* Ya que nuestra elección es la de seguir sintiéndonos bien y que además aquellos con quienes elegimos compartir la vida también se la pasen sintiéndose muy bien.

Sera importante ir eligiendo en orden prioritario, dependiendo si es una actividad profesional o laboral, a una de diversión o entretenimiento. Al igual cuando nuestro deseo sea hacer un viaje de negocios o de placer. Haremos la mejor elección en base a nuestras prioridades.

He tenido la oportunidad de viajar mucho en mi vida, tanto de placer como de negocios y en otras ocaciones para cambiar de residencia a otro país y a otras ciudades. He tenido una muy buena actitud ante el viajar, claro viajar para mi es una de mis prioridades, así que viajar lo haré toda mi vida y sentirme bien es otra de mis proiridades asi que la llevare acabo toda mi vida sintiéndome con la mejor actitud positiva y optimista ante la vida, todos los días de mi vida.

Te invito a que tengas claro tus prioridades y tus deseos. Para que te lleves a estar en los escenarios que realmente deseas estar viviendo.

Escribir y hacer ejercicio son dos de mis pasiones y de ahora en adelante seguire escribiendo y haciendo ejercicio toda mi vida. ¿Tú que actividades eliges tener en tu abanico?

HAZ TUS LLAMADAS

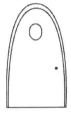

Tan pronto hayas aclarado tu mente y te hayas decidido por cual actividad es la que quieres llevar a cabo, hay otra elección que debes realizar antes de que tu plan este completo. ¿Quieres hacer esta actividad por tu cuenta? ¿Vas a invitar a alguien especial para compartirla contigo? ¿Con Tu Dulce Amor? ¿Quizas con un grupo de amigos? ¿Es un plan familiar? Ve la foto en grande y visualiza antes de decidirte ¿Con Quién Eliges Hacer Tu Actividad?

TIEMPO PARA MÍ

COMPAÑEROS DE TRABAJO

FAMILIA

ALGUIEN ESPECIAL

AMIGOS

¿Con quienes compartiras las fiestas Navideñas?

¿Con quien realizaras tu viaje por el Mundo?

¿Con quien iras al cine, al teatro y a cenar?

¿Iras con muchos amigos y amigas a la reunión?

¿Te iras contigo de viaje?

¿Es momento de una reunión con los compañeros de trabajo fuera de la oficina?

¿Es momento de comprometerte con alguien para una relación mas intima?

¿Tienes ganas de descansar, meditar ó de escuchar música?

¿Qué y con quien? son preguntas muy importantes para cada dia de nuestra vida.

¿Me invitas? ¿Aceptas mi invitación?

¿Cómo me quiero ver? ¿Cómo nos queremos ver?

ELECCIONES, ELECCIONES Y MÁS ELECCIONES

EMOCIONES

ACTIVIDADES   **SENTIMIENTOS**

   Nosotros Estamos Haciendo
Elecciones, Elecciones y Más Elecciones
Todo El Tiempo

TRABAJOS   Mientras Estamos Detrás   **CREENCIAS**
de Cualquier Puerta
De Actividad. Tambien Estamos
   Detrás de Diferentes Puertas
Emocionales
Y Seguimos Eligiendo

METAS   **GENTE**   **EXPERIENCIAS**

      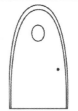

"Nosotros Elegimos Todo El Tiempo, Cada Una de Nuestras Puertas de Actividades y Cada Una de Nuestras Puertas Emocionales."

Elegir sólo por elegir no será lo más grato. Es mejor cuando tienes un propósito, una historia por escribir, una aventura por vivir. Un sueño por realizar.

Podemos elegir crear nuestra película de vida de una manera maravillosa. ¿Que haremos con todo el dinero que ganaremos de nuestro trabajo, de nuestra siguiente gran negociación?

¿Qué haremos para conseguir tener grandes contratos económicamente y profesionalmente super satisfactorios y productivos?

¿Dónde trabajaremos para lograr sentirnos plenos, dichosos, felices y prosperos?

¿Qué actitudes agregaremos a nuestra vida? ¿A nuestras Relaciones? ¿En nuestro trabajo?

¿Qué tipo de Vida me voy a crear?

Son algunas preguntas de suma importancia, si tenemos claro hacia donde queremos ir, hacia donde vamos y a donde llegar, ya habremos avanzado bastante. Ahora es tomar las decisiones que nos harán actuar y tomar las acciones con diciplina que nos acercarán a vivir cada día la vida de nuestros sueños.

Repite Diariamente al pensar en tus proyectos, metas y objetivos:

"YO PUEDO, ES FÁCIL Y LO ESTOY HACIENDO."

CAPÍTULO 5

TODOS DETRÁS DE PUERTAS

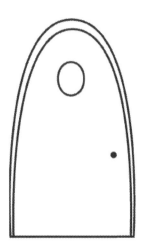

"Hoy Para Mi Es Muy Importante Saber Dónde Me Encuentro, Detrás De Que Puerta, Y Saber Como Estoy Vibrando, Para Tomar Las Mejores Decisiones Con Honestidad. Y También Saber Dónde Se Encuentran Los Demás, Detrás De Que Puertas Y Saber Cómo Están Vibrando. Asi Se Lo Que Si Permito Y Lo Que No Permito."

Ahora abramos la foto en grande, imaginemos que por qué todos estamos haciendo elecciones y más elecciones, todos nosotros terminamos estando detrás de diferentes Puertas o algunos detrás de la misma Puerta. Al mismo tiempo, algunas veces podemos estar detrás de la misma Puerta de actividad pero detrás de diferentes Puertas emocionales, o detrás de la misma puerta emocional pero todos detrás de Puertas.

Al empezar a visualizar más y más nosotros entraremos a través de estas Puertas imaginarias, a esta o a aquélla Puerta, nosotros ejercitamos nuestra mente y nuestras herramientas de imaginación y visualización. Asi que imaginemos por un momento que nos encontramos detrás de una Puerta y que arriba de cada Puerta, hay un letrero donde nosotros podemos leer las emociones o los sentimientos que los demás sienten, ellos también pueden leer la Puerta donde nosotros nos encontramos detrás. Los letreros cambiarán tan pronto como cada persona cambie sus emociones y nosotros podemos darnos cuenta de ello. El letrero que se encuentra arriba de cada Puerta nos muestra la actividad, las emociones y los sentimientos que las personas están eligiendo, y nosotros nos volvemos maestros de la observacion al leer los letreros y las señales. La Gente puede estar detrás de diferentes Puertas de actividades mientras están detrás de diferentes Puertas emocionales, ya sean *"Puertas de Alta Vibración"* O *"Puertas de Baja Vibración."*

TIEMPO DE FUTBOL

Hagamos el siguiente ejercicio. Aquí estamos todos listos y emocionados para ir a la final de la liga de futbol, que se jugara hoy a medio dia.

Mucha gente eligirá asistir al estadio, otros miles elegirán verla por televisión, y todos detrás de la misma Puerta de actividad *"Tiempo de Futbol"* Listos para disfrutar el juego. Mientrás el juego es jugado, las Puertas emocionales tomarán lugar, algunas personas sentiran emociones detrás de *"Puertas de Baja Vibración"* y otros sentirán emociones detrás de *"Puertas de Alta Vibración"* o cambiando de una a la otra durante el partido.

Cada persona está detrás de la Puerta emocional de su elección, viviendo sus sentimientos y emociones con intensidad. Los jugadores estarán corriendo a lo largo del campo aquí y allá muy activos también viviendo y sintiendo sus sentimientos, emociones y pernsamientos, viajando de una Puerta a Otra, o manteniéndose detrás de la misma Puerta de su elección.

Algunas personas serán muy honestas y expresivas para mostrar sus sentimientos, emociones y pensamientos. Mientrás que otras actuarán falsamente o reprimirán sus sentimientos, emociones y también sus pensamientos.

Imaginense si nosotros pudiésemos ver todas las Puertas emocionales imaginarias donde las personas se encuentran detrás, todos los sentimientos y las emociones que suceden en el estadio y fuera del estadio, en todas partes donde también se esta viendo el partido, mientrás se está jugando.

Los deportes nos ayudan mucho para ver las emociones no sólo en los jugadores sino además en las personas que lo están viendo, es una buena y divertida oportunidad para que nosotros observemos e imaginemos todas las *"Puertas de Baja Vibración"* Y Todas las *"Puertas de Alta Vibración"* que están sucediendo en nosotros. La vida en general es un grandioso Escenario para observar todo tipo de Puertas donde otros están detrás creando sus experiencias y donde nosotros también estamos creando nuestras propias experiencias.

HOY

Lo que sea que elijamos hacer hoy, a donde sea que decidamos ir, habrán personas deseando ir al mismo lugar, algunas veces eligiendo hacer las mismas actividades y aun más motivados en tener la misma actitud positiva de vibración alta como nosotros lo hemos decidido.

Algunos otros eligirán estar en el mismo lugar, accionando la misma o diferente actividad pero eligiendo tener diferentes emociones y sentimientos, una actitud negativa de baja vibración.

De principio a fin de nuestro día, nosotros elegiremos estar en diferentes lugares, haciendo diferentes cosas y actividades de nuestra elección, recreando nuestras experiencias con distintas personas, cambiándonos de una Puerta de actividad a la siguiente, nuestras emociones y sentimientos también pueden estar variando todo el dia de arriba a abajo de las *"Puertas de Alta Vibración"* a las *"Puertas de Baja Vibración"* de una a otra todo el dia como locos o durante el día nosotros elegimos estar detrás de las *"Puertas de Alta Vibración"* Sintiéndonos bién y mejor y no sólo nosotros sino además también aquellos que están a nuestro lado. Si ellos lo eligen asi tambien.

Dependiendo de lo que nosotros decidamos hacer, con quién y a dónde, estarémos expuestos y nuestros niveles de energía que pueden variar de baja vibración a alta vibración y de una a otra durante el dia, a menos de que nos entrenemos a estar mas detrás de las *"Puertas de Alta Vibración"* donde nosotros nos sentimos bién, compartiendo nuestras experiencias con gente que amamos y que también nos ama, todos sintiéndonos maravillosamente bien.

Las decisiones que hagamos y que elijamos son muy personales, únicas e individuales. Nosotros somos los únicos que podemos elegir por nosotros mismos, nadie más puede. Aún cuando somos niños nuestros padres nos dicen qué debemos hacer pero nosotros decidimos hacerlo o no hacerlo. Cuando nos sentimos bien decimos si, pero cuando no se siente que sea lo correcto nosotros decimos no, a cualquier edad. Aún cuando somos bebes y no podemos hablar, nosotros expresamos todas nuestras emociones con sonidos, lenguaje corporal y como sea nos hacerns entender de aquello que sí queremos y de aquello que no queremos.

Hay padres impositivos y agresivos que hacen que sus hijos hagan lo que ellos quieren aún cuando los niños estén o no de acuerdo, también hay niños que son muy rebeldes, tiranos y engreídos, que no quieren seguir ninguna regla. Hay muchos entrenadores de vida/life coaches, psycologos y psiquiatras quienes pueden ayudar a entrenar a toda la familia para tener mejores reglas, mejores acuerdos y mejores elecciones para que su relación sea ganadora justa y duradera para todos.

Nuestras emociones y sentimientos estarán estables y en mayor equilibrio entre más nos entrenemos a nosotros mismos. Entrenando a nuestra mente, a nuestro cuerpo y a nuestro espíritu. Desde ejercitar la manera en que elegimos pensar, la manera en que elegimos expresar nuestras palabras, hasta la manera en que elegimos actuar y comportarnos. Entrenándonos a nosotros mismos para desarrollar hábitos buenos, excelentes y efectivos para ayudarnos a tener vidas grandiosas para ser mejores y para poder ser una versión mejorada de nosotros mismos. Entrenándonos a nosotros mismos para saber detrás de que Puerta nos encontrámos en todo momento y en cualquier tiempo.

¿Como sabemos detrás de que Puerta nos encontramos? Simple y facil, sólo al estar detrás de la Puerta *"Yo Soy Honesto/a Conmigo Mismo/a"* todo el dia, entonces en cualquier momento nos preguntamos a nosotros mismos- *¿Cómo me siento en este momento?*

Una respuesta muy honesta llegará y nos revelará exactamente como nos sentimos, mostrándonos detrás de qué Puerta emocional nos encontramos, si es detrás de una *"Puerta de Baja Vibración"* O detrás de una *"Puerta de Alta Vibración."* Realmente es simple,

Preguntándonos y contestándonos honestamente a nosotros mismos, recordando que la relación más importante que tenemos en la vida es con nosotros mismos y que entre mejor sea esta relación lo mejor posible será nuestra relación con el resto del mundo. Confía En Mi Es Muy Cierto y Muy Real.

SÓLO ENTRA A PUERTAS QUE TE HAGAN SENTIR BIEN

Mi elección personal y mi recomendación es que siempre elijamos estar detrás de *"Puertas de Alta Vibración"* donde nos sentimos bien y maravilloso, donde la vibración de energía es tan buena y todo se convierte mucho más cómodo, fácil de estar allí, donde nos sentimos alegres y disfrutamos de los placeres de la vida, sintiéndonos satisfechos con nuestras elecciones, donde todo fluye y fluye bonito para nosotros y para aquellos a nuestro alrededor porque nosotros estamos vibrando a unas frecuencias muy lindas que nos están ayudando a atraer experiencias hermosas, momentos amorosos, gente linda para compartir estos tiempos de calidad y por supuesto esto es posible de reañizar más y más cómo nosotros entendemos el excelente hábito de sólo entrar a través de Puertas que nos hacen sentir muy bién y maravilloso, y esas son las *"Puertas de Alta Vibración."*

Cuando nosotros estamos vibrando alto es cuando nosotros nos estámos sientiendo bién, nosotros nos sentimos satisfechos, exitosos, felices, parece que lo que tocamos se convierte en oro y que nosotros hacemos magia. Nuestra vibración alta es tan poderosa que invita a otros a también querer sentirse muy bién. Nuestra actitud positiva además de ser muy poderosa y atractiva, hace que otros deseen estar junto a nosotros y todo aquello que queremos y elegimos solo simplemente parece llegarnos en una secuencia perfecta de eventos, uno tras otro. Toda la gente a nuestro alrededor aparece de la nada vibrando alto sólo para ayudarnos a alcanzar aquello que nosotros hemos elegido vivir, experimentar y crear. Todo esto es posible porque nosotros nos elegimos para estar detrás de Puertas que nos hacen sentir muy bién vibrando alto.

Cuando nosotros entramos a Puertas que nos hacen sentir bién, todo fluye mágicamente en una secuencia perfecta y aquí estan algunas de las *"Puertas de Alta Vibración"* que se nos abrirán naturalmente:

ACTITUD POSITIVA   *META ALCANZADA*   *MUY FELIZ*   *COMPARTIENDO*

CELEBRANDO   *SANO Y PRÓSPERO*   *RECIBIENDO APOYO*

FLUYENDO   *LLENO DE ENERGÍA*   *EXITOSO*   *BONOS EXTRAS*

EXTRAORDINARIO TRABAJO EN EQUIPO   *MILAGROS BENDICIONES DIVERSIÓN*

Todo parece funcionar para nosotros, parece simple, cómodo, fácil, pacífico, en armonía, todo esta junto fluyendo en una sinergia perfecta y en una secuencia perfecta, asi como este preciso momento.

Es un verdadero gusto estar todo el tiempo dentro de un circulo mágico de energía positiva al cual yo llamo – *"El Circulo De Me Siento Muy Bien"* esta es mi primera *"Maquina Cientifica Magica e Imaginaria."*

EL CIRCULO DE ME SIENTO MUY BIEN

Imagina que estas hermosamente rodeado por un circulo magnético y energético, su energía es muy positiva porque dentro de el tu te sientes realmente muy bién. A este campo de energía maravillosa yo amo llamarlo *"El Circulo de Me Siento Muy Bien"* Tu lo activas a tu alrededor solo con imaginarlo, como un aro de Ula Ula en el suelo, asi que está alerta de que a dónde sea que tu vayas, tu círculo imaginario va contigo.

Si tú experimentas sentimientos negativos, emociones negativas, experiencias negativas *¡ALTO!* Es tiempo para ti de hacer un cambio positivo para recuperar tu energía positiva al atraer de regreso a ti tu *"Circulo de Me Siento Muy Bien"* llama a tu circulo mágico. Funciona Increíble.

Haz que Tu Persona y tu Bienestar sean tu Prioridad de todos los días y siéntete muy bién todo el tiempo y haz esto todos los días de tu vida. ¡Se Feliz sintiéndote Muy Bién y Maravilloso!

Cada vez que elegimos entrar a las *"Puertas de Alta Vibración"* hacia otras Puertas que nos hacen sentir bién, nosotros tenemos el mismo efecto positivo y resultado positivo como cuando nosotros activamos esta mágica vibración de nuestro *"Circulo de Me Siento Muy Bien."* Todo a nuestro alrededor y todo, fluye muy bien y perfectamente, asi como en este momento.

Es un sentimiento de estar en el lugar correcto, a la hora correcta, haciendo la cosa perfecta, que tú querias hacer y que tú de pronto estas realizandola, sintiéndote bién, feliz, satisfecho, éxitoso, como si el tiempo volara y pasara lentamente, como si hiciéramos mágia y que fuésemos totalmente atemporales viviendo el momento sólo creando más y más experiencias grandiosas y más aventuras de vida maravillosa.

Durante estos momentos cuando nosotros estamos recreando a estos niveles es realmente bueno sólo continuar fluyendo al continuar eligiendo más Puertas que nos hacen sentir bién, estas son las *"Puertas de Alta Vibración."* Eligiendo más de las actividades que amamos hacer, sintiéndo más de los sentimientos y emociones que elevan nuestro espíritu, y que también hace que otros también eleven su espíritu. Invitandolos a que quieran estar detrás de las *"Puertas de Alta Vibración"* y dentro de su mágico *"Circulo de Me Siento Muy Bien."*

Estando detrás de *"Puertas de Alta Vibración"*, vibrando alto sólo permitiendo que más ideas fljuyan naturalmente, atrayendo más gente que venga hacia nosotros para ayudarnos y apoyarnos, y nosotros a su vez ayudando a otros al mismo tiempo, sólo vemos los lugares perfectos que son para crear nuestras experiencias de vida manifestando nuestros más preciados sueños, metas y deseos. Es un estado de ser mágico, donde todas las *"Leyes Universales"* están trabajando a nuestro favor, donde nosotros estamos atrayendo más de lo bueno, más bienestar, más de las cosas buenas que tiene la vida aqui para que nosotros las vivamos y disfrutemos.

Las buenas, maravillosas y mejores experiencias sólo siguen llegando con la misma vibración que nosotros estamos ofreciéndole a la vida sólo con estar detrás de *"Puertas de Alta Vibración."* Nuestras creaciones son muy hermosas, como todas las experiencias que estamos recreando con la vida y con el Universo.

"Solo Sigue Disfrutando Maravillosamente Tu Hermoso y Amoroso Viaje de Vida Hasta Tu Ultima Respiración."

CAPÍTULO 6

INVITA, EMPUJA, JALA O PERMITE

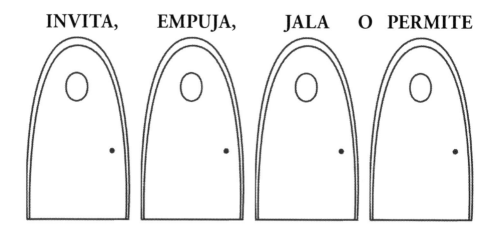

"Estar Alerta Y Conciente De A Que Experiencias, Energías y Personas Le Decimos Si Y A Cuales Les Decimos No, Es Super Importante Para Realmente Estar Solo Donde Si Queremos Estar. Porque Al Elegir Estar Alli Nos Sentimos Muy Bien, Con Mucho Bienestar, Alegres, Satisfechos Y Felices."

Cada día en nuestras experiencias diarias nosotros elegiremos diferentes actividades, algunas de ellas podrían ser las invitaciones. En otras oportunidades, energéticamente hablando nosotros pudiéramos sentir la experiencia de que nos están jalando hacia adentro o hacia afuera o que en otra situación estamos siendo contrariamente empujados hacia adentro o hacia afuera de alguna situación, y nosotros permitimos esto o lo otro a un cierto nivel de consciencia o de inconsciencia también. Vamos a explorar más cada una de estas 4 Puertas, yo quiero explicarme más:

INVITA

Las Invitaciones son lindas la mayoría del tiempo, nosotros no tenemos que decirle *"Si"* a todas ellas. Realmente es muy importante que nosotros estemos alertas a dónde estamos siendo invitados antes de que nosotros aceptemos cualquier invitación. Después elaboramos un auto-escaneo preguntandote, si tu relamente deseas aceptar esta invitación

Nosotros tenemos el hábito natural de estar detrás de la misma Puerta de actividad una y otra vez realizando las cosas que nosotros más amamos hacer. Algunas veces nosotros elegimos aceptar hacer otras actividades, obviamentes con la expectativa de un resultado positivo. Y nosotros hacemos lo mejor para estar detrás de las *"Puertas Emocionales de Alta Vibración."*

Cuando nosotros somos invitados a participar en una Puerta de alguna actividad, normalmente será muy fácil aceptar si nosotros nos encontramos en la misma sintonía de la elección que los demás están ejerciendo, asi que estamos de acuerdo y la aceptamos.

Invitaciones a Puertas emocionales son más riesgosas, especialmente cuando las personas que nos están invitando se encuentran detrás de las *"Piertas de Baja Vibración"* debido a que si aceptamos la invitación, el resultado seguramente será bajo y negativo. Será una gran diferencia si la gente que nos esta invitando se encuentra detrás de las *"Puertas de Alta Vibración"* porque la experiencia será de alta vibración, placentera y positiva.

La mayoría de las veces las invitaciones son hechas con una buena intención, sin embargo es importante que nosotros nos mantengamos atentos, confiando en nuestro instinto. Siendo claros y muy honestos con nosotros mismos siempre nos ayudará a ser muy honestos con los demás acerca de dónde realmente queremos estar. En lugar de aceptar invitaciones sólo para complacer a los demás y hacer feliz a otros y no a nosotros mismos. Lo mejor es que todos podamos experimentar felicidad a nuestra manera, ya sea acompañados o con nosotros mismos.

Es mucho mejor aceptar una invitación sabiendo que nosotros vamos a estar muy felices vibrando alto, disfrutando la actividad, sintiéndonos alegres y sintiéndonos muy bién. Teniendo todos estos buenos sentimientos cuando nosotros aceptamos invitaciones nos ayuda a invitar a otros a que también se sientan bién. Asi todos juntos disfrutaremos de un momento grandioso.

Una muy linda invitación que yo puedo hacerte es que cuando tú elijas invitar a alguien a cierta actividad, primero tú debes elegir estar detrás de una Puerta emocional positiva, una *"Puerta de Alta Vibración."* Tú te sentiras muy bién y tu puedes invitar a tu invitado a sentirse muy bien y muy cómodo.

Tú siempre puedes visualizar todos los momentos que están por venir con tus buenos sentimientos y maravillosas emociones, que serán de una gran ayuda para ver la foto en grande, no sólo las actividades que estarán haciendo si no además podras ver los alegres sentimientos que podrán estar viviendo.

Cuando invitamos a otros a sentirse bién como nosotros también nos estaremos ya sientiendo primero, les da libertad a los demás para que nos contesten con honestidad si ellos se quieren unir al plan maravilloso.

Los demás también están leyendo la Puerta donde nosotros nos encontramos detrás y también están sintiendo nuestra vibración. Si nosotros sonamos congruentes y honestos con los que estamos pensando, diciendo, haciendo y vibrando, los demás sentirán nuestro estado de ánimo, nuestra vibración y detrás de que Puerta nos encontramos. Asi como nosotros también podemos sentir detrás de que Puertas se encuentran los demás.

Si alguien se siente triste, no positivo y se siente negativo, deprimido, vibrando bajo, es muy obvio que esta persona se encuentra detrás de las *"Puertas* *de Baja Vibración." * Si nosotros decidimos tener una conversación con esta persona, lo más natural a suceder es que esta persona conscientemente o inconscientemente nos este invitando a sentirnos tristes y a vibrar bajo, por que él o ella están vibrando bajo. Ellos no dirán – *Yo me siento mal y vibrando bajo y quiero que también te sientas como yo me estoy sintiendo.* Pero es importante que nosotros nos quedemos detrás de *"Puertas de Alta Vibración"* mientras estamos escuchando con amor, compasión y empatía para poder entender cómo se está sintiendo esta persona y detrás de que Puertas emocionales se encuentra. Cuando esta persona se sienta comprendida, amada, apreciada entonces esta persona puede escucharnos a nosotros ya que se dará cuenta de que nosotros estamos detrás de Puertas emocionales amorosas *"Puertas de Alta Vibración."* Con nuestra actitud y palabras amorosas nosotros podemos invitar a esta persona a que se sienta bién y a que entre a *"Puertas de Alta Vibración"* donde él o ella pueden cambiar su relación interna a un mejor lugar interior.

Así que las invitaciones no sólo son a diferentes actividades, esto o lo otro sino además a lindos sentimientos y a alegres emociones, nosotros podemos hacer esta clase de invitaciones o podemos recibir estas hermosas invitaciones cualquier día. Permite estar abierto a experiencias maravillosas donde todos tengamos un maravilloso bienestar interno.

Ahora, vamos a continuar explorando acerca de ser empujados a Puertas:

EMPUJA

Si nosotros nos encontramos caminando por la ciudad en algun lugar de ella y de pronto observamos que alguien esta cruzando la calle, distraído, no esta alerta de que está a punto de caer en un hoyo, cualquiera de nosotros que este alerta de esta situación correra y lo empujara alejándolo de tener este accidente. Solo dándole un pequeño y lindo empujón para ayudarle a prevenir un accidente.

Cuando nosotros entramos a la Puerta de Empujar con una actitud positiva, todas y cada una de nuestras acciones tendrán una intención positiva para ayudar a alguién para salir de un accidente o para prevenir el tener bajones energeticos, colapsos ó experiencias incomodas. Energeticamente hablando nosotros utilizaremos toda nuestra energía para ayudar de una manera positiva.

Con nuestra energía nosotros podemos invitar, empujar o jalar a otros a *"Puertas Emocionales de Alta Vibración"* Otros también pueden empujarnos a *"Puertas de Alta Vibración"* la mayoría de las veces estaremos agradecidos porque el resultado final será uno positivo, ya sea que seamos empujados, jalados ó lindamente invitados.

Otros también pueden empujarnos detrás de *"Puertas Emocionales de Baja Vibración."* Cuando esto sucede es por que nosotros no estamos alertas hacia a dónde estamos siendo empujados y no estaremos ni felices ni tampoco agradecidos, por que los resultados normalmente serán negativos.

Es muy importante que nosotros estemos alertas todo el tiempo, tanto como podamos. Sabiendo detrás de qué Puerta nos encontramos todo el tiempo. Si nosotros sentimos un cambio dramático de nuestros sentimientos y emociones, nosotros hemos permitido ser jalados ó empujados a una Puerta diferente. Entra a las siguientes Puertas:

YO SOY HONEST@ CONMIGO MISM@   *YO ESTOY ALERTA*   *¿COMO ME SIENTO?*

Hay momentos en los que nos sentimos realmente muy bién, vibrando alto, animados, felices y estamos dispuestos a compartir nuestro tiempo y energía con un grupo de amigos o un nuevo grupo de personas. La conversación esta fluyendo lindo y de pronto la conversación cambia de estar en alta vibración a una de baja vibración y la actitud del grupo cambia, la frecuencia de la vibración cambia y después de un momento pequeño, nosotros no sabemos cómo pero nos sentimos incómodos con nosotros mismos, aún cuando pareciera que nosotros no hemos hecho nada malo, ni un crimen ni nada errróneo. ¿Qué Paso? Nos Preguntamos... ...la respuestas es que nosotros nos sentíamos muy bién y una persona en el grupo atraves de su conversación empujo a todos detrás de *"Puertas de Baja Vibración"* y todo el grupo entró fácilmente hasta que el grupo comenzaron a sentir vibraciones bajas cambiando sus sentimientos, emociones, acciones y estados de animo. Cualquiera puede intentar empujarnos fuera de nuestros buenos sentimientos hacia malos sentimientos si nosotros no estamos alertas, conscientes ni cuidadosos:

EMPUJA   *SINTIÉNDOME BIEN*   *SINTIÉNDOME MAL*

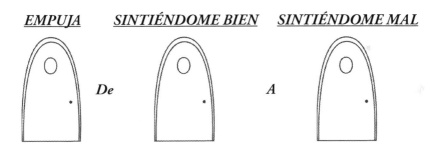

Esta situación sucede a menudo y muchas veces nos quedamos sintiendo mal durante un largo tiempo hasta que nos recuperamos y nos ponemos alertas de ¿Cómo nos sentimos? Y hacemos el cambio a sentirnos bien otra vez. Comenzamos sintiéndonos bien, después algo pasó y perdimos el estar alertas y permitimos el empujon energético, y terminamos sintiéndonos mal con nosotros mismos, hasta que nos recuperamos y hacemos el cambio positivo:

MAL, DEPRIMIDO, TRISTE   CONSCIENTE   SENTIRME BIEN

Nosotros nos ponemos alertas y hacemos el cambio para estar detrás de **"Puertas de Alta Vibración"** y de regreso a sentirnos bién. Nosotros somos libres para elegir como nos queremos sentir a toda hora.

EL ARTE DE SENTIRNOS BIÉN

Sentirnos bien es un arte, toma práctica y más práctica hasta que se convierte en un hábito, en un hábito bueno y excelente, porque nosotros elegimos sentirnos bién como es nuestra prioridad, nosotros ponemos nuestro bienestar como nuestra primera prioridad, nosotros elegimos a nosotros mismos. Como un buen hábito positivo para hacer todos los días, pregúntate las siguientes cuestiones y elige sentirte bién:

¿COMO ME   ¿COMO ME   ELIJO SENTIRME
SIENTO AHORA?   DESEO SENTIR?   BIEN

Si tu no te sientes bién, quédate allí hasta que estes harto de sentirte mal, hasta que hayas tenido suficientes sentimientos, emociones y actitudes negativas y de experiencias negativas como resultado. Honestamente es mejor elegir estar detrás de *"Puertas de Alta Vibración"* donde tú, yo y otros nos sentimos bien y mejor donde nosotros vivimos nuestras experiencias maravillosas, una después de la otra.

Ahora, exploremos más acerca del ser jalados a diferentes Puertas:

JALA

Jalar y Empujar son muy similares, nosotros podemos jalar a alguien fuera de una *"Puerta de Baja Vibración"* para que este detrás de una *"Puerta de Alta Vibración"* asi como nosotros podemos empujar a alguien fuera de una *"Puerta de Baja Vibración"* a una *"Puerta de Alta Vibración."* Las intenciones, en ambas jalando o empujando son positivas asi que su resultado también es positivo. Ayudar a alguien a elevar sus niveles de energía y que reciba todos los beneficios de las vibraciones altas y como resultado se sienta bien, moviéndose hacia adelante, creando experiencias positivas detrás de cualquier *"Puerta de Alta Vibración"* específica:

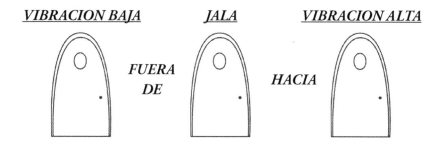

VIBRACION BAJA   JALA   VIBRACION ALTA

FUERA DE   HACIA

EMPUJA *VIBRACION BAJA* *VIBRACION ALTA*

FUERA DE *HACIA*

La Magia sucede todo el tiempo, especialmente cuando más la necesitamos. Cuando nosotros estamos viviendo situaciones difíciles, cuando perdemos el camino, cuando pasamos mucho tiempo detrás de *"Puertas de Baja Vibración"* y la esperanza parece estar muy lejana, siempre hay alguien que nos jala de allí y nos ayuda para hacer el cambio de sentirnos sin esperanza hacia vibraciones mas altas, ayudándonos a hacernos cargo de nuestra vida, a seguir adelante y a estar conscientes de nuestro deseo de estar donde nos sentimos bién, donde nos sentimos mejor, donde somos amados y apreciados y donde las cosas funcionan a nuestro favor y en favor de los demás. Algunas veces somos nosotros los que ayudamos a otros a moverse a niveles más altos.

Nosotros debemos estar conscientes de que cuando la gente elige estar detrás de *"Puertas de Baja Vibración"* sus elecciones, actitudes, sentimientos, emociones y acciones serán del mismo tipo de energía, frecuencia y vibración baja y negativa, Ellos normalmente nos harán invitaciones a *"Puertas de Baja Vibración"* porque es donde ellos se encuentran detrás:

VIBRACION BAJA

Ven Conmigo A…

Si nosotros estamos alertas y conscientes de cuando una persona o un grupo de personas se encuentran detrás de *"Puertas Emocionales de Baja*

Vibración" nosotros nunca los seguiremos a ellos. ¿Por qué? Querríamos sentirnos mal como ellos se sienten en lugar de elegir sentirnos bien y vibrar alto creando más experiencias buenas.

Cuando nosotros estamos detrás de una *"Puerta de Baja Vibración"* ó alguien más está, nosotros o alguien más naturalmente tratará de jalarnos ó empujarnos a sus *"Puertas de Baja Vibración."* Todo puede iniciar primero con una linda invitación sutil con una segunda intención negativa. Como si sus pensamientos fueran – *Si yo no estoy feliz, y no la estoy pasando bien, ¿Por qué Tú Sí?*

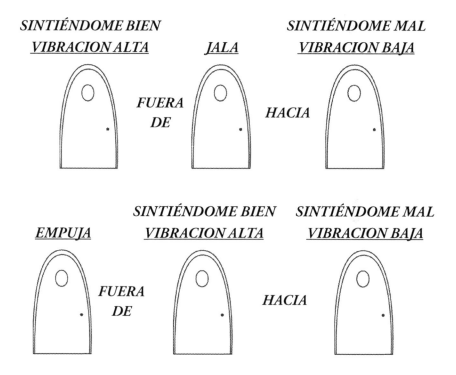

Es muy importante que estemos atentos, alertas, conscientes y seamos muy honestos con nosotros mismos, esto nos ayudará mucho a mantenernos detrás de *"Puertas Emocionales de Alta Vibración"* donde nos sentimos bién, donde tenemos buenos sentimientos y buenas emociones, donde tomamos buenas acciones y donde nos manetenemos reales con nosotros mismos. Nosotros también nos mantenemos fuera de problemas, seguros y en sintonía haciendo lo que amamos hacer, realizando aquello que hace que nuestro corazón cante más y más elevando nuestra vibración, ayudándonos ha seguir tomando grandes decisiones y las elecciones perfectas y a mantenernos enfocados viviendo la vida que realmente queremos vivir todos los días.

Está Alerta... ...Está Atento... ...Sé Consciente...

...De aquello a lo que tu le dices *"SÍ."* Y a aquello a lo que tu le dices *"NO."*

Nosotros no tenemos que contestar o responder inmediatamente con un *"SÍ."* O con un *"NO."* Cuando estamos siendo cuestionados, invitados, jalados, o empujados a una esquina. Cuando alguien esta tratando de hacerte sentir que ellos son más importantes que tu, *"PARA."* Y aléjate sin contestar, ni tampoco des una explicación, ni justifiques tus acciones y elecciones. Recuerda elegirte a ti mismo. Tú estas aquí para *"SER TU"* y no alguien más. Y nadie esta aquí para complacer a nadie, nadie. El trabajo y el servicio es un acuerdo mutuo y es una historia completamente distinta, yo no estoy hablando acerca de un acuerdo que permita faltarse al respeto o realizar comportamientos negativos, pero si de un acuerdo de una relación de mutua ganancia donde ambas partes obtengan beneficios.

"Quédate En Tu Propia Piel Sitniendote Bien y Maravilloso. Invitando a Otros a Sentirse Bién."

PERMITE

Decreta y Actua a Favor

Deja de Permitir Cualquier Tipo de Experiencias Negativas en Tu Vida Para Pon Un ¡Alto! Permitete a Ti Mismo Elegir Sentirte Bién.

Permitete a Ti Mismo Elegir Relajarte.

Permitete a Ti Mismo Confiar en el Universo y a Confiar en La Vida. Confia Que la Vida esta Escuchando Tu Corazón y a Tu Voz Interior, y Que La Vida Quiere Traerte y Darte Aquello Que Tu Quieres y lo que Tu Más Deseas, La Vida Quiere Darte Aquello que Es Mejor Para Ti Todo El Tiempo.

Permite Que la Vida Desdoble Frente a Ti, Todos Tus Sueños, Tus Metas y Tus Más Preciados Deseos Día tras Día.

Permitete a Ti Mismo El Ser Inspirado por Otros e Inspirar a Otros.

Permitete a Ti Mismo el Seguir a Tu Corazón.

Permitete a Ti Mismo Elegir Amarte a Ti Mismo.

Permitete a Ti Mismo el Ser "TU", Único y Auténtico.

Permite a los Demás Ser Ellos Mismos, Únicos y Auténticos.

Permitele a Todos Hacer Sus Libres Elecciones y Siempre Cree Que Todos Tenemos Una Relación Hermosa y Divina con La Vida, Con La Fuente del Amor y con Todo El Universo, Todo Esta Aquí Para Ayudarnos A Crear Nuestras Experiencias Más Maravillosas y a Sentirnos Bién, Tan Bién y Tan Maravilloso Como Siempre Fue Posible.

Permite a Ti Mismo Elegir Amarte a Ti Mismo Como Tu Primera Prioridad, Después Tu Verás Que Fácil Es Amar a Los Demás.

Permite a Ti Mismo El Ser Perfecto e Imperfecto En Tantas Maneras.

Permite y Date Permiso para Explorar La Vida, para Ser Curioso y Para Explorar Tantas Puertas Como Seas Capaz de Explorar.

Permite a Ti Mismo a Entrar en Aquellas Puertas Que Te llaman a Su Interior, Que Están Aquí Para Ayudarte a Ser Feliz, para Ayudarte a Crecer y para Guiarte a Vivir Tus Sueños.

Periítele a Otros Ayudarte. Todos Estamos Conectados y Estamos Aquí Para Ayudarnos Unos a Otros.

Permite a Ti Mismo y Déjate Ser Divinamente Guiado por El "Amor del Universo" Que Se Encuentra en Tu Interior y En El Interior de Todos y En El Interior del Todo.

Permite a Ti Mismo Conectarte con Tu Sabiduria Interior, Con Tu Voz Interior Tanto Como Puedas, Tu Te Sorprenderás de Todas las Sorpresas Maravillosas y Magníficas que Están En Tu Interior y Que Tienes Para Ofrecérselas al Mundo Maravilloso y a La Vida.

Permitete a Ti Mismo Fluir Con La Vida Como Lo Hace La Naturaleza.

Permito Que Todos Los Climas Me Hagan Bien, Me Generan Saalud y Bienestar.

¡¡¡Permite, Permite y Permite Que Todo El Bien Fluya Hacia a Ti y Hacia Los Demás!!!

CAPÍTULO 7

EL PODER DE LAS PALABRAS

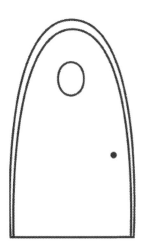

"Cuando Elegimos Hacernos Conscientes Y Responsables De Los Pensamientos, De Las Palabras Y De Las Acciones Que Estamos Utilizando, Nos Damos Cuenta Que La Vida Nos Esta Apoyando Para Crear Las Experiencias Que Estamos Viviendo."

"Yo Amo Mi Cuerpo, Mi Mente y Mi Espíritu."
"Yo Me Doy Permiso a Mi Mismo para..."
"Yo Me Rodeo a Mi Mismo Con Gente Hermosa, Amigos Positvos y Optimistas."
"To Digo No Cuando Yo Quiero Decir No."

"Yo Digo Si Cuando Realmente Quiero Decir Si."
"Yo Elijo Expresarme Muy Claramente, Abiertamente y Siendo Muy Honesto Con Mi Mismo Y Con Mi Verdadero Yo, Con Los Demás y Con La Vida."

Hay dos formas en las que podemos elegir comunicarnos con nosotros mismos y con los demás: una es de manera positiva y la otra es de manera negativa. El poder de nuestros pensamientos y de nuestras palabras con uno u otras personas nos ayuda a estar detrás de *"Puertas de Baja Vibración"* ó detrás de *"Puertas de Alta Vibración"* La vida es una experiencia completa y nosotros la estamos creando con cada una de nuestras elecciones, momento a momento y día tras día.

Durante cualquiera de nuestras conversaciones nosotros podemos observar cómo la expresión y la vibración de la persona cambia cuando esta persona esta hablando detrás de una *"Puerta de Baja Vibración"* después todo es diferente cuando se esta expresando detrás de una *"Puerta de Alta Vibración."* En algunos casos la conversación se mantiene muy positiva y en otros la conversación se mantiene muy negativa casi todo el tiempo y en otros momentos la conversación va de positiva a negativa y de negativa a positiva y de positiva a negativa de una a otra todo el tiempo. Como una melodía musical que va de notas altas a notas bajas y después altas y después bajas y asi sigue y sigue. La gente cambia su ambiente con el poder de sus palabras hacia arriba y hacia abajo ó solamente hacia abajo ó solo hacia arriba, todo depende de las elecciones que hagamos.

Nuestras palabras reflejan nuestros pensamientos y sentimientos, y nuestras acciones reflejan nuestros pensamientos, palabras y nuestros diferentes estados de ánimo. Cada uno de nosotros elegimos que decir, de que hablar, que escuchar y por supuesto que no escuchar, que no decir y también acerca de que no hablar.

Todos nosotros sabemos a un cierto nivel de consciencia de los resultados que nosotros vamos a generar a la hora de pensar, expresarnos o de actuar en una forma negativa ó en una forma positiva, los resultados son obvios ellos serán de la misma clase de su vibración. No existe ningún árbol de limones que nos de naranjas como no hay una acción negativa que nos de un resultado positivo, asi como tampoco una acción positiva que nos de un resultado negativo. Esto no puede suceder.

Todos somos libres para experimentar ambas vibraciones bajas y altas, una mezcla de ambas para enfocarnos en una ó en la otra.

Mi elección personal es sentirme bien, vibrar alto, estar detrás de *"Puertas de Alta Vibración"* y sentirme lo mejor posible y maravilloso las 24 horas del día/ 7 dias de la semana todo el año. Invitando a otros a esta clase de vibraciones altas y a que se sientan bien y maravilloso. Estando muy alerta y honesto conmigo mismo para estar alerta de cuando cualquier *"Puerta de Baja Vibración"* me está invitando, empujando o jalando a estar detrás de ella ó cuando alguien que ya esta detrás de esas Puertas me este invitando, empujando ó jalando a estar detrás de su misma Puerta o Puertas negativas.

Yo te invito a que te hables a ti mismo con amor y apreciación, como cuando nosotros le estamos expresando nuestro amor a aquellos que amamos. Cuando tu hables estarás alerta y consciente de escuchar las palabras que están saliendo de ti, porque tus palabras te harán saber que te estás expresando detrás de *"Puertas de Alta Vibración"* ó detrás de *"Puertas de Baja Vibración."* Escucha cuidadosamente cuando tu estes compartiendo con alguien más en el trabajo, en cualquier lugar y en toda situación donde tu te expreses y también cuando estes a solas contigo teniendo una conversación abierta y honesta contigo mismo. Tu estarás muy agradecido contigo mismo por los niveles en que elevarás tu relación contigo mismo y con los demás. Entre más practiques el escucharte a ti mismo cuidadosamente, más desarrollarás el arte de escuchar a los demás y como resultado positivo tu seras muy listo e inteligente para apreciar hacia dónde te están llevando los demás con sus palabras, tu te puedes convertir en un experto en leer vibraciones, en leer las *"Puertas de Baja Vibración"* y las *"Puertas de Alta Vibración"* Sólo por escuchar con la intención de entender a donde te estas llevando a ti mismo con tus palabras, a donde estas llevando a los demás con tus palabras y a donde otros te están llevando a ti y a los demás con sus palabras. Hacer esto es algo muy poderoso.

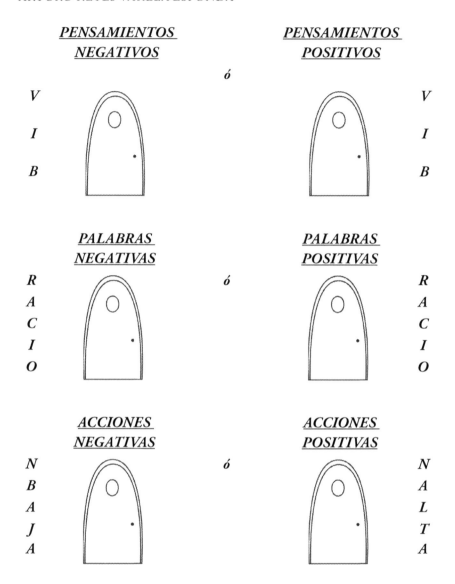

PENSAMIENTOS
NEGATIVOS

ó

PENSAMIENTOS
POSITIVOS

V

I

B

V

I

B

PALABRAS
NEGATIVAS

ó

PALABRAS
POSITIVAS

R
A
C
I
O

R
A
C
I
O

ACCIONES
NEGATIVAS

ó

ACCIONES
POSITIVAS

N
B
A
J
A

N
A
L
T
A

*"La Vida es Simple, Mantente Detrás De Las Puertas
De La Misma Vibración Que Deseas Que Sean Tus
Resultados, Tus Creaciones y Tus Experiencias."*

CREENCIAS POSITIVAS

Nosotros tenemos miles y miles de creencias, algunas de ellas nos ayudan durante toda nuestra vida, otras nos ayudan en diferentes momentos de nuestra vida y algunas de nuestras creencias no nos ayudan para nada por que son negativas y nos limitan de vivir experiencias positivas. Es un buen hábito el escribir lo que nosotros creemos. Escribir acerca de las diferentes creencias que nosotros tenemos de diferentes temas y de diferentes áreas de la vida.

Nosotros siempre podemos cambiar nuestras creencias limitantes ó expandirlas ó cambiar caulquiera de nuestras creencias. Seguro conservamos las creencias que nos están ayudando y que continuarán haciéndolo. Nosotros podemos agregar nuevas creencias en cualquier momento de nuestras vidas para empoderarnos y para ayudarnos a vivir una Vida mejor, nosotros podemos hacer todas las elecciones que deseamos hacer. Estar dispuesto a hacer el trabajo necesario para cambiar las creencias que no te están ayudando por aquellas que te ayudarán y te empoderarán. La Programación Neuro-Lingüística, tiene técnicas maravillosas para alcanzasr estos cambios.

Aquí, yo quiero compartir algunas de mis creencias positivas:

"Cada Día Me Amo Más y Más. Yo Amo La Vida y La Vida Me Ama."
"Yo Pienso Positivamente Acerca De Mí y Acerca De Los Demás."
"Yo Valgo y Todos Valemos. También."
"Yo Soy Realmente Exitoso, Estoy Satisfecho y Muy Agradecido Donde Yo Estoy Hoy."
"Yo Soy Próspero, Saludable y Muy Feliz."
"Yo Tengo Relaciones Maravillosas, Conmigo y Con Otros."

"Yo Soy La Mejor Versión de Mi Mismo Que Yo Puedo Ser Todo El Tiempo."

"Yo Tengo Una Mente Poderosa, Yo Elijo Cuidadosamente Mis Pensamientos y Las Palabras Para Expresar Mis Pensamientos y Mis Ideas Maravillosas."

"Yo Tengo Un Espiritu y Una Alma Poderosos, Dentro de Un Cuerpo Milagroso y Hermoso."

"Yo Amo Crear Mi Vida Nueva, Mis Experiencias Nuevas con El Poder Del Amor Todos Los Dias."

"Yo Estoy Abierto y Receptivo A Todo Lo Bueno, La Vida Sigue Trayéndome Lo Mejor De La Vida Constantemente, Todo El Tiempo."

Y yo tengo muchas, muchas más creencias trabajando a mi favor todo el tiempo.

Ten tú cuadernos de *"Creencias Positivas"* es algo maravilloso y poderoso que es importante que elijamos realizarlo, tú puedes agregar más creencias cada día y lo puedes hacer de una forma muy creativa, decorándolas con diferentes colores, crayones, calcomanías ó lindos papeles decorativos. Decora tu libro de la manera que te guste. Diviertete Creando Tu Cuaderno De *"Creencias Positivas."*

Utiliza Tus Creencias a Tú Favor Para Crear Tus Nuevas Experiencias Maravillosas De Tú Vida.

CAPITULO 8

¿DÓNDE ESTÁS?

AQUÍ   *ALLÁ*   *¿DÓNDE?*

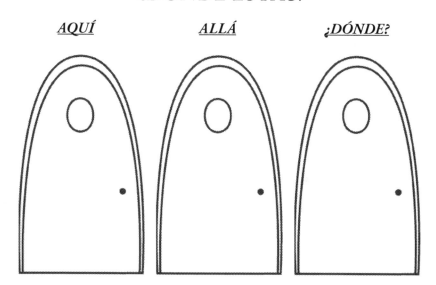

"Cuantas Veces Esta Nuestro Cuerpo Presente En Algun Lugar, Con Algunas Personas Pero Nuestro Ser Esta Viajando En Los Recuerdos Del Pasado Ya Sean Agradables Ó No. Quizas Preferimos Viajar Al Futuro Para Planearlo y Desear Estar Alla Mas Que Aquí. Hasta Que Aprednemos A Vivir En El Aquí Y En El Ahora Muy Presentes."

Es todo un arte el estar viviendo la vida en el aquí y ahora, cuando hay tanto que nosotros soñamos y estamos buscando que suceda en el allá. Ese allá será un aquí después de algunos ahoras después de este ahora. Nosotros podemos mirar todos aquellos ahoras que hemos vivido allá en nuestro pasado, porque nosotros los hemos escrito con nuestras propias experiencias, nosotros hemos escrito nuestra historia de vida. Nosotros continuaremos haciéndolo en el *"Ahora"* Durante los momentos en el eterno presente que nosotros estamos viviendo todo el tiempo, moviéndonos de momentos aquí a momentos allá, avanzando y avanzando, nosotros lo seguimos haciendo una y otra vez. Nosotros también planeamos hoy nuestros ahoras del futuro de lo que nosotros queremos vivir y estar viviendo en el allá del hoy. Esto parece como un juego del uso de estas dos palabras del aquí y el allá, sin embargo esto es lo que hacemos todo el tiempo, nosotros estamos aquí y después el allá se convierte en un aquí, aun si nosotros elegimos no hacer nada en el aquí y ahora, el allá momento llegará se presentará. Claro que es mucho más satisfactorio cuando las experiencias de el aquí y del allá que estamos viviendo son aquellas que hemos estando soñando verlas con nuestros propios ojos y sentirlas con todos nuestros sentidos, disfrutando cada momento de nuestro viaje de vida, con más de lo que si queremos vivir.

Ya sea aquí ó allá nosotros estaremos eligiendo estar detrás de *"Puertas de Baja Vibración"* ó detrás de *"Puertas de Alta Vibración"* Esto dependerá en dónde cada uno decidamos estar detrás la mayor parte de nuestro preciado tiempo, es allí donde nosotros estaremos creando nuestra realidad en el aquí y en el allá .

Asi que muchas veces nosotros estamos felices donde nosotros estamos en el aquí y ahora, sintiéndonos maravillosos y deseando que ese momento dure un largo tiempo y a veces que nunca termine, pero nosotros estamos conscientes de que en nuestras ocupadas vidas nosotros debemos movernos de una actividad a otra durante el día. Cuando tu comienzas a hacer tuyo este método de *"Las Puertas De Tu Éxito"* cambiándote de una Puerta de actividad a la siguiente Puerta de actividad te ayudará el disfrutar el estar en el aquí y ahora mientras dure cada actividad, sintiéndote bien hasta que llegue el momento de cambiarte y moverte a la siguiente Puerta de actividad a la que ya nos hemos comprometido estar detrás haciendo aquello que hemos elegido hacer. Nuestras emociones también pueden cambiar de una Puerta emocional a otra Puerta emocional. Entre más practiquemos estar detrás de *"Puertas Emocionales de Alta Vibración"* mientras nosotros nos estamos cambiando de una Puerta de actividad a otra Puerta de actividad más desearemos crear nuestros días con más buenos sentimientos en cada una de nuestras experiencias.

AQUÍ

Hablemos del *"Aquí."* El *"Aquí"* es poderoso. El *"Aquí"* es donde tú, yo y todos estamos ahora mismo. El *"Aquí"* es vivir el momento presente. En el *"Aquí"* nosotros podemos experimentar alegría, felicidad, placer, satisfacción, paz y todas las vibraciones altas. Nosotros podemos estar sintiendo agradecimiento por lo satisfechos que estamos de estar aquí y ahora exáctamente donde nosotros estamos.

En el *"Aquí"* nosotros también podemos experimentar bajas vibraciones, emociones bajas, sentimientos bajos porque no nos sentimos satisfechos de donde nos encontramos, teniendo estos sentimientos incomodos, como si cada vez estuviese faltando algo para hacer que nuestra experiencia sea alegre y perfecta.

El estar *"Aquí"* es poderoso, porque nosotros podemos estar totalmente presentes en el ahora, enfocados creando nuestra realidad, nuestra experiencia, algo que nos haga sentir bien y que también haga sentir bien a aquellos que están con nosotros y a nuestro alrededor.

En el *"Aquí y Ahora"* nosotros somos poderosos viviendo este mismo instante; Pensando, imaginando, sintiendo, vibrando alto y disfrutando el momento. Nosotros podemos hacer lugar para recibir capacitación profesional para visualizar nuestras futuras experiencias, creándolas con nuevas ideas y con la riqueza de nuestras experiencias pasadas, visualizando todas esas nuevas creaciones en nuestra mente mientras estamos detrás de *"Puertas Emocionales de Alta Vibración"* Detrás de Puertas que nos hacen sentir muy bien. Una vez que nosotros vemos la foto en grande de nuestros planes y proyectos entonces nosotros tomamos los pasos necesarios diariamente para llegar allá, nosotros descansamos, nosotros tomamos acción, nosotros dejamos que la vida haga su parte y nosotros hacemos la nuestra, nosotros descansamos y nosotros llegaremos allá. Y una vez más aquel allá que nosotros soñamos y planeamos se convierte en un maravilloso momento *"Aquí y Ahora"* para que nosotros lo disfrutemos al máximo. Asi tal como este mismo momento *"¡Aquí y Ahora!"* que estamos viviendo hoy.

ALLÁ

El *"Allá"* esta en la distancia, algunas veces en el pasado y otras veces más frecuentemente en el futuro. El *"Allá"* es a donde nosotros queremos ir, donde a nosotros nos gustaría estar en el cercano, mediano y lejano futuro; en algún lugar, haciendo algo que nsotros siempre hemos querido estar logrando ó estar en un lugar especifico en el Planeta teniendo un viaje maravilloso, alcanzando una Meta, una Meta de Equipo, un Reto de Negocios ó haciendo algo en nuestro favor o en favor de todo el Planeta, Todo es Posible.

Algunas veces nosotros pensamos tanto en el futuro, pensando en los momentos del *"Allá"* por muchas horas, tanto que realmente nosotros nos perdemos la oportunidad de realmente disfrutar el *"Aquí y Ahora"* la experiencia de creación que ya hermos manifestado y que esta aquí frente a nuestros ojos.

El momento del *"Allá"* puede ser maravilloso y ser realmente extraordinario cuando lleguemos al *"Allá"* especialmente si nosotros desarrollamos el hermoso hábito de disfrutar el *"Aquí y Ahora"* la experiencia que estamos viviendo en este momento y asi seguir disfrutando de los siguientes momentos del ahora, uno tras otro y cada *"Allá"* que alcancemos. Al desarrollar este hábito seguramente cuando lleguemos a estar *"Allá"* viviendo la experiencia que nosotros estamos desando *"Ahora"* nosotros la disfrutaremos mucho, estando muy presentes en el *"Aquí y Ahora"* del *"Allá."*

El *"Aquí"* y el *"Allá"* son parte de nuestras experiencias diarias, nosotros estamos *"Aquí"* y después estamos *"Allá."* El *"Allá"* se convierte en el *"Aquí"* y entonces nosotros desearemos estar viviendo otro *"Allá"* y ese *"Allá"* se convertirá en otro *"Aquí y Ahora"* y esto sigue y sigue toda nuestra vida.

A Vivir y a Seguir disfrutando el *"Aquí"* planeando el *"Allá"* y regresando a vivir y disfrutar el *"Aquí y Ahora"* y asi hacerlo una y otra vez, esto será un hábito muy positivo de ciclos positivos. Cambiándonos de una Puerta a la siguiente Puerta, eligiendo de una manera poderosa nuestras experiencias y también con quien elegimos compartirlas detrás de *"Puertas de Alta Vibración."*

Si tu no estas feliz con el *"Aquí"* donde te encuentras, agradécelo y tómate el tiempo para visualizar e imaginar el *"Allá"* donde tu quieres estar viviendo y da lo mejor de ti hasta que tu estes *"Allá."*

Nosotros podemos hacer importantes elecciones y tomar decisiones muy significativas en el *"Aquí y Ahora"* en cada momento presente, acerca de nuestros *"Allás"* y *"Ahoras"* del futuro al preguntarnos lo siguiente:

¿Dónde me gustaría estar en 3 mese? Y ¿Qué quiero estar haciendo? ¿Quien elijo Ser?
¿Dónde me gustaría estar en 6 meses? Y ¿Qué quiero estar haciendo? ¿Quien elijo Ser?
¿Dónde me gustaría estar en 1 año? Y ¿Qué quiero estar haciendo? ¿Quién elijo Ser?
¿Dónde me gustaría estar en 3 años? Y ¿Qué quiero estar haciendo? ¿Quién elijo Ser?

¿Dónde me gustaría estar en 5 años? Y ¿Qué quiero estar haciendo? ¿Quién elijo Ser?
¿Dónde me gustaría estar en 10 años? Y ¿Qué quiero estar haciendo? ¿Quién elijo Ser?

Nosotros podemos escribir cada respuesta, con todos los detalles: *¿Dónde queremos estar? Y ¿Qué queremos estar haciendo?* Después nosotros siempre podemos escribir - *¿Cómo vamos a llegar a allá? ¿Qué acciones vamos a tomar para hacer que suceda? ¿A que Puertas vamos a entrar y nos vamos a quedar detrás en acción?*

Nuestras decisiones y elecciones en el presente serán muy importantes, aquello que nosotros estamos dispuestos a hacer cada día por aquello que deseamos, será extremadamente importante para que nosotros seamos capaces de movernos de cada *"Aquí"* hacia cada *"Allá"*:

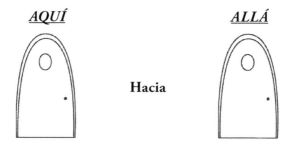

Algo que te ayudará mucho y te empoderará es estar detrás de *"Puertas Emocionales de Alta Vibración"* Puertas que te ayudarán a sentirte bien en las experiencias del *"Aquí"* y también quédate detrás de estas Puertas cuando tu estes visualizando e imaginando tus nuevas creaciones de las experiencias del *"Allá"* de tu futuro.

Por ejemplo, si nosotros queremos ser músicos en 5 ó en 10 años, será muy importante que nosotros comencemos a tomar clases de música, tocar un instrumento, estudiar la historia del arte, ser guiado por maestros y expertos en el área de la música, practicar todos los días hasta que logremos alcanzar el Sueño que nosotros hemos elegido con todo nuestro Corazón, Mente y Alma. Permitiendo de este presente la ayuda necesaria. Teniendo buenos sentimientos, disfrutando de cada momento, vibrando alto, felices por la maravillosa oportunidad. Con una Gran actitud positiva, optimista y entusiasta que hace una enorme diferencia en todo lo que elegimos hacer.

Lo que sea que queramos hacer en el futuro nosotros debemos de tomar la acción en el *"Aquí y Ahora"* y todos los días con disciplina, tenasidad, siendo constantes, perseverantes y creyendo que si sucederá, mientras disfrutamos de cada unos de los pasos que damos en dirección favorable hacia nuestra meta.

EL ESTADO DEL PRESENTE ETERNO

El *"Aquí"* es donde nosotros estamos, viviendo *"El Estado del Presente Eterno."* Estando totalmente presentes en el *"Aquí y Ahora"* será la experiencia más satisfactoria para cada uno de nosotros, haciendo esto como un hábito excelente, nos ayudará a disfrutar todo el viaje de nuestra vida y de cada pequeño paso que demos hacia delante de nuestro *"Aquí"* a nuestro *"Allá"* momento a momento. Disfruta de *"El Estado del Presente Eterno"* que todos estamos viviendo, respirando inhalándo y exhalándo, todo lo que tú quieres existe en el *"Ahora"* ó en tú Mundo imaginario. Asi que mantente enfocado, sintiéndote bién y vibrando alto hasta que estes viviendo aquello que esta en tú mente, en el *"Aquí y Ahora."* Todos nos estaremos cambiando de una Puerta de actividad a otra Puerta de actividad todo el día, y para muchos de nosotros pasará lo mismo con nuestras emociones, nosotros nos estaremos cambiando de una Puerta emocional a otra Puerta emocional, dependiendo de la experiencia que nosotros estemos eligiendo crear y con que vibraciones. Otra vez Yo te invito a que vivas detrás de *"Puertas de Alta Vibración"* tanto como tú puedas en *"El Estado del Presente Eterno."*

CAPÍTULO 9

HACE ALGUNOS AÑOS

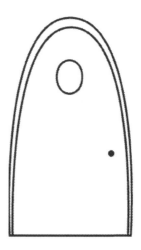

*"La Vida Me Enseño El Hermoso Regalo De Estar Agradecido
En Todo Momento Por Todo Lo Vivido, Por Lo Que Estoy
Viviendo Hoy Y Tambien A Dar Las Gracias Anticipadamente
Por Todo Lo Que Estaré Viviendo En El Mañana.
Sabiendo Que El Agradecimiento Es Un Multiplicador De
Bendiciones Y De Bienestar Constante. ¡Gracias!"*

Hace algunos años cuando yo empece a poner en practica *"Las Puertas De Tu Éxito"* en mi vida, yo amaba salir a dar caminatas en el malecón de Puerto Vallarta, justo a un lado del mar, disfrutando el día hermoso y la maravillosa conección con la naturaleza, sintiéndome bien y agradecido, y mientras yo iba caminando yo uitilizaba ambas manos para dibujar en el espacio frente a mi Puertas imaginarias, en la parte superior de cada Puerta escribía el nombre de la vibración de la emoción o del sentimiento que yo quería sentir y agregar a mi momento presente. Después daba un paso hacia adelante atravesando la Puerta y experimentaba el sentimiento y la emoción mientras estaba detrás de cada Puerta que yo iba eligiendo. En aquel instante nunca puse atención en lo que la gente pudiera estar pensando sobre lo que yo estaba haciendo, sólo disfrutaba estar detrás de cada Puerta sintiendo la emoción y agregando más y más sentimientos y emociones mientras yo caminaba por el malecón dibujando más Puertas, entre más lo practicaba, mejor me sentía y yo era capaz de ir incrementando mi *"Bienestar"* sintiéndome bién y mejor con cada *"Puerta de Alta Vibración"* que yo dibujaba, atravesaba y que me quedaba detrás.

Yo sabia que la gente que me estaba viendo, ellos no tenían ni una idea de lo que yo estaba haciendo, yo podría verme simpático y muy feliz seguramente pero ellos no podrían descifrar lo que estaba pasando, pero lo que era realmente importante para mi es que yo estaba muy consciente de lo que estaba haciendo con toda la intención de sentirme bien y mejor y mejor y mejor conmigo mismo, desarrollando una grandiosa y maravillosa relación conmigo mismo y como consecuencia con el mundo mientras me iba convirtiendo en un maestro en el uso de *"Las Puertas de Tu Éxito"* con cada día del mes y del año.

Esta es la manera en que yo me veía en ese entonces, haciendo mis ejercicios ¡feliz!!! Si tú eres valiente para intentarlo te veras igual de ¡feliz!!!

Yo te prometo que entre más practiques dibujar tus Puertas y atravesarlas mejor te sentirás contigo mismo y podrás ofrecer una mejor calidad de vida a la gente con quien tú compartes tu vida.

Algunas veces yo dibujaba de 5 a 10 diferentes *"Puertas de Alta Vibración"* una tras otra agregándolas a mi sistema, elevando mis niveles de energía, de mi felicidad, de mi alegría y de mi diversión a mi vida. Creando más *"Bienestar"* en Mi Interior, listo para seguir adelante con mi energía cargada, sintiéndome muy bien para mi siguiente Puerta de Actividad.

Yo comparti estos ejercicios con mis amistades y con la gente a quienes yo daba sesiones de entrenamiento de vida *"Life Coaching"*, explicándoles como usaba *"Las Puertas de Tu Éxito"* para mantenerme a mi mismo sintiéndome bien y manifestando mis Sueños, Metas y Deseos en el Mundo Real, porque yo podía cambiarme fácilmente de una Puerta a la siguiente cuando se trataba de Puertas de actividades y yo agregaría mas buenos sentimientos cuando se trataba de Puertas emocionales, sumando emociones y sentimientos favorables que generan mucho bienestar en mi persona y en mi creación de cada momento que estoy viviendo.

Asi que yo recomendaba mis técnicas a quienes estuviesen abiertos a nuevas ideas para ejecutar la acción y así obtener resultados maravillosos de ellas. Yo te recomiendo que al principio tu comiences por dibujar las Puertas frente a ti, escribe arriba de la Puerta la emoción ó el sentimiento que tú quieres sentir y que quieres agregarte a ti mismo, después da un paso hacia adelante atravesando la Puerta y quédate detrás de ella hasta que realmente sientas la emoción y el sentimiento que tu mismo escribiste arriba de la Puerta. Tú puedes agregar tantas Puertas emocionales como tú quieras para elevar tu estado de ánimo y tu vibración interna, asegúrate de sentirlo con todos tus sentidos.

Después de practicar y practicar dibujar las Puertas frente a Mí, yo aprendi a sólo visualizarlas frente a Mí sin tener que dibujarlas otra vez con mis manos, solo utilizando mi mente. Algunas veces yo jugaba como mago usando mi mano para hacer aparecer las Puertas frente a Mí. Yo sigo jugando y me divierto cuando hago que éstas Puertas aparezcan frente a

Mí. Cuando estoy enseñando yo siempre comienzo enseñando a que las dibujen con ambas manos en frente de ellos.

De regreso a lo básico, poco a poco nosotros avanzamos a diferentes formas divertidas para hacer que las Puertas aparezcan.

LA PRÁCTICA HACE AL MAESTRO

Practica dibujar Puertas imaginarias. Primero tú puedes usar ambas manos para dibujarlas, hasta que seas capaz de hacerlo con tu mente. Las Puertas imaginarias serán de gran ayuda, entre más lo hagas, mas fácil te será entrar a las Puertas de tu elección, tú también podrás cambiarte de una vibración a otra, puedes ser de una *"Puerta de Alta Vibración"* a otra *"Puerta de Alta Vibración."* O de una *"Puerta de Baja Vibración"* a una *"Puerta de Alta Vibración"* Entre más lo practiques mejor lo manejaras y verás como va mejorando tu relación contigo mismo, con los demás y con la vida misma. Te comunicaras mejor contigo y con los demás, generando una sinergia maravillosa con la vida y con quienes elijas crear tus momentos.

Tú también podras imaginar y visualizar a otros detrás de Puertas imaginarias, tú seras capaz de saber detrás de que Puertas se encuentran los demás, que emociones ó sentimientos están experimentando. Sera sencillo para ti porque seras capaz de decir detrás de que Puerta se encuentran, y también podras reconocer cuando se cambien de una Puerta emocional a otra Puerta emocional. Así de fácil como cuando podemos ver que alguien se cambia de una Puerta de actividad a otra Puerta de actividad.

Al estar observando, escuchando y haciendo preguntas inteligentes tú aprenderás cuáles son las Puertas de actividad favoritas y las Puertas emocionales favoritas que tu gente favorita suele amar y elegir más.

Al hacernos maestros en el uso de *"Las Puertas de Tu Éxito"* todo irá mejorando gradualmente, tú no necesitas un maestro que esté contigo todo el tiempo para que te enseñe como entrar a una Puerta específica. Tú sólo eliges la Puerta y su vibración. Mientras estás detrás de la Puerta de tú elección, tu vibración interna te mostrará experiencias de la misma clase de vibración y gente que ya esta allí experimentando la misma vibración, por que ellos se encuentran en la misma Puerta o en las mismas Puertas. Tú te asombraras de tus elecciones y dependiendo de ellas tú verás a mucha gente en las experiencias que tú elijas crear. Ya sea que tú elijas estar en compañía de otros o en solitud contigo mismo.

Por ejemplo: Digamos que Tú eliges ir al gimnasio a entrenar y fortalecer tú cuerpo, ó hacerlo más flexible, a hacer un ejercico anaeróbico ó aerobico, quizás tú eliges yoga, spinning ó también una clase de baile. Cuando tú llegues al gimnasio tu verás que no eres el único alli, tú veras que mucha gente ha elegido cosas similares a las que tu elegiste. Si tú elegiste un coach privado y una clase privada tu podrás estar allí solamente con tú entrenador, todo depende de las elecciones que cada uno hagamos en la vida, que nosotros veremos como la vida orquestrará para nosotros nuestras experiencias. La Puerta de actividad del ejercicio es la misma para la mayoría de la gente que va al gimnasio, las Puertas emocionales pueden ser similares ó no.

Algunas personas irán totalmente enfocadas en hacer los ejercicios, otras además de hacer ejercicios estarán interesadas en hacer nuevas amistades, otros tomarán lecciones en grupo de: yoga, meditación, spinning y de baile, mientras que otros elegirán clases privadas y entrenadores privados.

En todas partes a las que nosotros vamos hay multiples opciones para elegir. En el gimnasio todos están allí detrás de Puertas de actividad de ejercicios físicos y cada persona puede estar detrás de diferentes Puertas emocionales.

Algunas personas pueden sentirse enojadas, desvaloradas, infelices con su aspecto físico porque están gordos o se sienten gordos. Otros que también están gordos, tienen un poderoso empuje interno para retarse a ellos mismos para hacer todo lo que tenga que hacerse para cambiar su aspecto físico con una gran actitud de amor propio, felicidad y de fuerza interior. Otros se verán muy fuertes físicamente reflejando el esfuerzo, la disciplina y la tenacidad que ellos tienen cada día en el gimnasio y también con sus hábitos alimenticios. Ellos pueden estar felices, pueden estar enojados, pueden estar tristes o detrás de cualquier Puerta pero ellos son lo suficientemente vanidosos para ir todos los dias.

Cuando nosotros estamos detrás de Puertas de actividad en un gimnasio o en un club deportivo privado, nosotros podemos observar mucha gente eligiendo practicar diferentes deportes y también diferentes emociones. Algunas veces será muy fácil leer a otras personas, saber detrás de cuales Puertas emocionales están ellos, y esto es muy bueno y de mucha ayuda, porque nosotros estamos alerta de cualquier tipo de invitación emocional estamos recibiendo, o si alguien esta tratando de empujarnos ó de jalarnos dentro de sus *"Puertas de Baja Vibración"* o a sus *"Puertas de Alta Vibración."* Entre mejor manejemos *"Las Puertas de Tú Éxito"* mas alertas nos convertimos y entonces tomaremos las mejores elecciones. Y lo más honestos que elegimos ser con nosotros mismos, claro con los demás y con la vida, por que la vida esta sintiendo nuestra vibraciones todo el tiempo.

Lo que podemos elegir practicar seguido es checar *¿detrás de que Puerta nos econtramos nosotros?* No solo acerca de que Puerta de actividad, si no también acerca de que Puerta emocional, sólo con preguntarnos a nosotros mismos - *¿Cómo Me siento en este momento?*, *¿Me quiero seguir sintiendo de esta manera?*, *¿Yo quiero cambiar la manera en que me siento en este momento?*, *¿Cómo Me quiero sentir?* Entre más nos preguntemos a nosotros mismos estas preguntas, más fácil es para nosotros ser honestos con nosotros mismos y pasar más tiempo detrás de *"Puertas de Alta Vibración"* Detrás de Puertas que nos hacen sentir bién y felices. Haciendo lo que amamos hacer, con la gente que amamos estar.

AYUDÁNDONOS A NOSOTROS MISMOS

Sumergirnos dentro de nosotros es un regalo precioso para atesorar toda nuestra vida. Hay tanta riqueza dentro de nosotros, entre más sepamos quienes somos realmente, quienes queremos ser y en que queremos convertirnos, mas amaremos sumergirnos a nuestro interior y descubrir acerca de nuestros tesoros internos y como mejoramos nuestra relación con nosotros mismos hasta que logramos sacar nuestra mejor versión de nosotros mismos en todo momento.

Se requiere de mucha fortaleza y de coraje el hacerlo, porque nosotros encontramos lo que hemos puesto en nuestro interior a lo largo del camino. Nosotros encontraremos cosas que no nos gusten y cosas por el contrario que si nos gusten porque nosotros no sólo permitimos que sucedan los buenos momentos, si no que también permitimos que entren los feos y los difíciles, como resultado nosotros guardamos memorias de heridas asi como memorias alegres y felices. Nosotros vivimos mejor la vida entre más nos sumergimos en nuestro interior y hacemos la limpieza necesaria de lo que nosotros creamos mientras pasamos los periodos detrás de *"Puertas de Baja Vibración"* y sabiendo lo que hemos creado mientras hemos estado detrás de *"Puertas de Alta Vibración."* Sólo siendo Honestos y Verdaderos con Nosotros Mismos.

Sería maravillosos si todos puediéramos solo enfocarnos en vivir vidas maravillosas detrás de *"Puertas de Alta Vibración"* Pero en toda la historia de nuestro Planeta nadie ha sido capaz de hacerlo. Nosotros creamos detrás de ambas: bajas y altas vibraciones. Esta es la realidad de la historia de nuestra vida en este maravilloso y hermoso Planeta. Pero nosotros, sí tenemos la oportunidad de elegir estar detrás de *"Puertas de Alta Vibración"* creando muy conscientes cada una de nuestras experiencias de vida.

Así que es muy importante sumergirnos en nuestro interior y hacer el trabajo interno que es necesario para ser capaces de vivir la vida de la mejor manera posible mientras que estamos permitiendo que salga desde nuestro interior al exterior la mejor versión de nosotros mismos, para nuestro beneficio, claro entre mejor vivamos también mas gente se beneficia.

SUMÉRGETE

Solo ve adelantate y entra… …Sumérgete en Tu Propio Mundo Interior. Tú y Solo Tú Lo Has Creado. Conocete más y más a ti mismo. Durante los periodos de tiempo que tú decidas estar detrás de esta Puerta, *¡Se lindo contigo mismo!* Yo te voy a ayudar. Se muy honesto Contigo Mismo, empieza por tomarte el tiempo para escribir listas, tú puedes escribir listas de lo que no te gusta y claro listas de lo que sí te gusta. Yo te voy a sugerir algunas listas para que tú comiences y por supuesto con tu creatividad tú puedes crear más. Seguro, entre mejor te conozcas, mejor será tú relación contigo mismo, con los demás y con la vida. También te será más facil hacer elecciones importantes e inteligentes, asi como también tomar desiciones importantes e inteligentes que tú apreciarás muchisimo.

Tómate tú tiempo para escribir tus listas, no sólo lo pienses en tú mente, tú estarás muy agradecido por tenerlas escritas, tú puedes checarlas cuando tú gustes y siempre puedes agregrar más a tus listas, tú las encontrarás muy útiles en tu presente y en tu futuro.

LAS LISTAS

Yo voy a sugerirte las listas que para mí son positivas para trabajar en ellas, tú contigo, si tú tambien quieres escribir listas de de lo que no te gusta, ó de temas donde tu estas atorado ó tienes problemas, hazlo y trabajalas con un buen profesional. Ambas listas te empoderaran mucho y si despúes de escribirlas las trabajas con un entrenador de vida profesional (life coach), eso será muy bueno para ti. Aquí vamos, ¿Listo? ¡Preparate! ¡Vamos!

1. *Escribe una lista de todas tus Actividades favoritas que tú amas hacer.*
2. *Escribe una lista de tú Comida favorita desde ensaladas, sopas, plato principal, hasta postres y bebidas.*
3. *Escribe una lista de tú Música favorita, las canciones que te hacen sentir inspirado, romantico, sensible, triste, prendido, tú decides el estilo y el ritmo por que tú eres el que las va a escuchar cuando sea que tú lo elijas.*
4. *Escribe una lista de tus Aventuras favoritas, las que ya has hecho y las que quieres hacer durante tú tiempo de vida.*
5. *Escribe una lista de tus Colores favoritos, la vida se disfruta más a color y más cuando tiene los que a ti te gustan. Recuerda todos amamos ir de compras, comprar cosas para nosotros, para nuestra casa y para nuestra Familia y para nuestros Amigos. ¿Tú conoces sus colores favoritos?*
6. *Escribe una lista de tú Gente favorita, tus Amigos favoritos, tus Familiares favoritos, tus Artistas favoritos, tú Gente favorita con la que tu quieres pasar los mejores momentos creando tú maravillosa historia de vida.*
7. *Escribe una lista de tus Peliculas favoritas, todos tenemos esas películas especiales que nos impactan de una manera*

poderosa, clásicas, comedia, románticas, de acción, de horror, etc... (Seguro querrás verlas más de una sola vez)

8. *Escribe una lista de tus Libros favoritos, claro aquellos que ya has leido, de aquellos que quieres leer, aquéllos que tú quieres recomendar o aquéllos que alguien más te recomendó. Siempre hay una razón ¿Por que? Alguien dice te recomiento este ó aquel libro, Tómalo de una manera positiva.*

9. *Escribe una lista de tus Ciudades, Pueblos y Países favoritos, donde tú has tenido experiencias maravillosas ó de los lugares donde tú sueñas estar algún día.*

10. *Escribe una lista de los Premios y Recompensas que tú te darás a ti mismo por cada Meta y por cada Sueño que tú logres y hagas realidad. Esta es una de mis listas favoritas.*

11. *Escribe una lista de tus Sueños, Metas y Deseos favoritos que tú quieres vivir, chicos, medianos, grandes, gigantes y enormes, recuerda que todo es posible de lograr, sólo mira alrededor y tu observarás todo lo que ya ha sido creado y todas las Metas que ya han sido alcanzadas. Comienza cada línea con Gracias por... ...Sientete Agradecido anticipadamente, el ser agradecido es un multiplicador de bendiciones.*

12. *Escribe una lista de tus Sueños, Metas y Deseos favortios que ya has logrado, siempre es buenos comenzar cada uno escribiendo la palabra Gracias por esto ó Yo estoy muy agradecido por aquello...*

13. *Escribe una lista de tus Deportes favoritos, aquellos que tú amas practicar, aquellos que tú amas ver en una competencia o en un torneo, aquellos que tú amas ver en t.v.*

14. *Escribe una lista de tus Videos favorito de música, deportes, aventuras, seminarios, de lo que tú elijas escribir, tú siempre puedes regresar y volver a verlos otra vez y tener otro momento padrísimo.*

15. *Escribe una lista de tus Artistas favoritos, quien sea que tú elijas ¡Admirar! Puede ser una lista muy larga. Siguelos e investiga como ha sido su vida, ve sus programas, sus películas o planea ir a escucharlos en sus conciertos, permitete soñar y hacer tus sueños realidad.*

16. *Escribe una lista de tus Puertas favoritas, aquellas en las que tú amas estar detrás la mayor parte de tu tiempo por que tú realmente te sientes muy bien al estar allí y pasas tiempos maravillosos.*

17. *Escribe una lista de la clase y estilo de tú Ropa favorita, desde ropa interior, pijamas, ropa deportiva, ropa cómoda, ropa de vestir, con tu propio estilo.*

18. *Escribe una lista de tus Zapatos favoritos, tú te sorprenderas de cuanto amas tener zapatos lindos y cómodos, tus pies siempre estarán agradecidos contigo.*

19. *Escribe una lista de tus Animales favoritos, mascotas que tú tienes ó que deseas tener, ó que quieres visitar en Africa ó en el zoológico, en el océano. Sigue haciendo elecciones.*

20. *Escribe una lista de tus Compañeros de Trabajo favortitos, algunas personas eligen estar más horas en su trabajo que en algún otro lado, asi es de que es un extra conocer a tu gente en tú trabajo.*

21. *Escribe una lista de tus lugares favoritos para Trabajar, sueñalo y estarás allí.*

22. *Escribe una lista de tus propias Herramientas, Talentos y Dones favoritos, esta lista siempre te ayudará mucho a que tu estes haciendo lo que más amas hacer.*

23. *Escribe una lista de tus Maestros, Ayudantes y Guías favoritos. Tú siempre puedes identificar de quien quieres recibir apoyo, ayuda e ideas maravillosas. Elige Ambos tanto los celestiales como los humanos. Asiste a sus conferencias, compra sus libros y ve sus videos.*

24. *Escribe una lista de tus Temas favoritos que a ti más te gusta hablar, esto es una garantía de vida para pasar momentos padrísimos, tú podras hablar sólo de los temas de tu elección.*

25. *Escribe una lista de tus Juegos favoritos que más te gusta jugar, ¿Cómo eliges divertirte? ¿Como Eliges jugar y divertirte junto con otros?*

26. *Escribe una lista de tus Meditaciones favoritas, aquellas que tú prefieres escuchar, aquellas que tú has creado, aquellas que alguien más te ha compartido con mucho amor, etc...*

27. *Escribe una lista de tus Favoritos…! Tu turno ahora te toca a ti sigue adelante, tú puedes crear las listas que tú quieras y desees, para conocerte mejor a Ti Mismo. Por ejemplo: Puedes elegir hacer una lista de las metas que deseas hacer realidad este año, y dividirlas entre los meses, semanas y días de todo el año.*

Las listas te ayudarán mucho, por que ellas serán tus mapas personales. Entre más consciente estés de aquello que más te gusta, más fácil te será elegir, en cada momento, cada día, cada semana, cada mes, y cada año de tú vida. Tú puedes ponerle palomitas en cada una de tus listas una vez que tú hayas manifestado y vivido tus logros de cualquiero de tus listas de favoritos.

Entre más listas hagas y tengas de ti mismo, más fácil y más sencilla se vuelve tu vida. Tú también creas el buen hábito de hacer buenas e inteligentes preguntas a los demás acerca de lo que les gusta y les disgusta. Tú realmente tendras una mejor vista de con quien tu eliges compartir las actividades de tu elección. Es realmente una enorme ayuda. ¡Intentalo!

Si tú gustas también puedes hacer listas de las cosas favoritas de tu gente favorita.

OTRA VEZ MANTENLO SIMPLE

Ayudate a ti mismo organizando tu día, tu semana, tu mes, tu año y tu vida de la manera en que funciona mejor para tí, otra vez se muy honesto y real contigo mismo, enfócate en hacer lo que es importante. Si lo que tú estas haciendo ahora te esta funcionando de una manera en la que tu estas organizado, sigue haciendo las mismas cosas que estas haciendo, si no ábrete a intentar diferente opciones. Claro que para manetenerlo simple para ti mismo es muy importante que tú estés consciente que hay diferentes actividades que tú haces mejor a diferentes horas del día:

Teniendo una buena perspectiva de vida, cada día es diferente de los demás, algunos parecen ser similares pero nunca son identicos. Cada día tiene sus similitudes y sus diferencias. Los días siguen pasando y las semanas continúan fluyendo y pasan, cada día de la semana nosotros alcanzamos diferentes Metas, diferentes Sueños, diferentes Deseos y diferentes Proyectos.

La vida fluye de una manera maravillosa. Pasan los días, las semanas, los meses y los años. Cada día tiene diferentes actividades, algunas repetimos como rutina o por que nos brindan mucho placer y satisfacción que las hacemos una y otra vez. Otras actividades estamos deseando vivirlas por primera vez y disfrutarlas tanto como podamos.

Los años pasan y nuestra lista de Sueños, Metas, Deseos y Proyectos alcanzados se suman y se suman como van pasando los años. Naturalmente nosotros agregamos nuevos Sueños, Metas, Deseos y Proyectos a nuestra lista. Parece que es la historia sin fin de nuestro viaje de Metas que se hicieron realidad, y de Sueños que alcanzar en el presente y en el futuro.

Llegará el día en el que nos iremos, de este maravilloso viaje de vida que estamos viviendo ahora en este Hermoso y Maravilloso Planeta, pero te aseguro que si tu te has encargado de crear la vida que tu has querido y que has disfrutado con todo el amor de tu corazón al final de tus días estarás muy agradecido por la suma de todas las bendicones y logros vividos y tu desearás volver otra vez a este Hermoso Planeta en este Enorme y Bellisimo Universo. Hoy disfruta de tu presente aquí y ahora, de vez en cuando podría ser una vez a la semana los sábados que te permitas darte el tiempo para Planear cada dia de tu semana siguiente de manera organizada y preventiva, planenado cada uno de tus días y asi poco a poco toda tú vida para que te sientas maravilloso por lo que has elegido crear. Sintiendote agradecido y habiendo tenido una elegante satisfacción por todas las experiencias vividas en cada uno de tus días y de todos los vividos durante toda Tú Vida Mágica. Te deseo que al final de tus días tu tengas una gran sonrisa de felicidad por todo lo que si lograste hacer realidad llenito de alegría y amor.

Por ahora es bueno soltar tanto el pasado como también el futuro y con el dejar ir el dia en que partiremos, y regresar a nuestro momento presente para vivir lo que nos corresponde vivir el dia de hoy. A disfrutar nuestro hoy y de cada momento que estamos eligiendo vivir detrás de *"Puertas de Alta Vibración."*

"Listo a Disfrutar de Nuestras Propias Creaciones De Vida"
"Aquí y Ahora"

CAPÍTULO 10

LAS LECCIONES DE TUS ELECCIONES

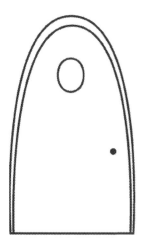

"Gracias A La Libertad Que Todos Tenemos y Gozamos, Cada Uno Hacemos Dos Tipos De Siembra, Siembra Buena Positiva Que Nos Dará Una Excelente Cosecha.

Y Siembra Mala Negativa Que Nos Cobrará El Recibo Tarde Ó Temprano Con Unos Resultados Negativos Que Podemos Elegir Convertirlos En Grandes Lecciones."

Por lecciones me refiero al resultado positivo que podemos obtener de las experiencias difíciles y negativas generadas por nuestras propias elecciones, asi como de nuestras mejores experiencias positivas. La vida nos va llenando de muchas experiencias de las cuales nosotros aprendemos a elegir que hacer de nuevo y repetirlo asi como aquello que ya no debemos hacer.

"La Ley de La Elección" nos muestra que nosotros elegimos todo, asi como nosotros elegimos cada una de nuestras creaciones y experiencias, también nosotros elegimos nuestras lecciones de vida. Nosotros hacemos eleciones que nos generarán experiencias negativas ó positivas, y nosotros podemos elegir sacarle a las negativas el resultado positivo de cada una de ellas obteniendo lecciones positivas. Hay algunas experiencias que vivimos, que después de que ya sucedierón, nosotros pensamos – *"Si fuera posible para nosotros, nunca hubiésemos vivido esas experiencias como una elección consciente."* Nuestro espíritu interior, nuestra alma ha elegido muchas elecciones por adelantado de algunas de las lecciones a vivir en esta vida y las vamos a vivir. *"Nosotros siempre podemos elegir diferente cuando tenemos la lección frente a nosotros, nosotros ó la aceptamos ó la rechazamos."*

"Hoy Haz Las Elecciones Que Mañana Tu Mismo Te Agradecerás."

De cualquier experiencia nosotros podemos aprender las lecciones, si es que elegimos buscar los tesoros escondidos en ellas. La mejor forma de hacerlo, es cuando nosotros podemos estar en una atmosfera segura donde podamos permitirnos que fluyan naturalmente todos nuestros sentimientos y nuestras emociones, en un lugar cómodo y con alquien con quien podemos abrir nuestro corazón y claro que esa persona esté receptiva para escucharnos.

Nosotros no estamos listos para aprender las lecciones en cualquier momento de cualquier día con la cantidad de experiencias que vivimos diariamente, no es tan sencillo, nosotros tenemos que estar listos para enfrentar los hechos, para contenernos a nosotros mismos, estar abiertos y dispuestos a observar cada uno de los detalles de la experiencia de tal manera que nosototros podamos obtener el mejor y más positivo resultado de la misma.

Las lecciones vienen de nuestras elecciones dentro de las *"Puertas de Alta Vibración"* y dentro de las *"Puertas de Baja Vibración"* para que todos las podamos aprender. Nosotros vivimos en un Mundo increible en esta realidad dónde nosotros creamos experiencias que nos hacen sentir bien y experiencias que nos hacen sentir mal como parte de nuestras lecciones de vida.

La reacción que nosotros podamos tener hacia cada una de nuestras experiencias de vida o a nuestras lecciónes de nuestras elecciones es opcional. Nosotros podemos perder el control y elegir experimentar el vivir bajos sentimientos y bajas emociones detrás de *"Puertas de Baja Vibracón"* ó podemos estar bajo control viviendo una reacción más positiva bajo una actitud interna más pacífica llenita de energía positiva de altas vibraciones tanto de sentimientos como de emociones detrás de *"Puertas de Alta Vibración."*

No hay una receta perfecta que funcione para todas las personas. Nosotros vamos a descubrir como vamos a reaccionar, cuando esas experiencias y lecciones lleguen, nosotros podemos prepararnos y entrenarnos a nosotros mismos para tener mejores reacciones positivas hacia nuestras experiencias que és realmente muy bueno y algo muy positivo de hacer. Algunas veces cuando una tragedia ocurre nuestra reacción puede ser totalmente fuera de control o bajo nuestro control, nunca sabemos hasta que estamos allí viviendo el momento a flor de piel.

Si nosotros nos entrenamos a nosotros mismos para estar detrás de *"Puertas de Alta Vibración"* más y más tanto como podamos, yo estoy seguro que nuestras reacciones serán mas positivas hacia cualquiera de nuestras experiencias y nuestros resultados serán favorables y placenteros.

Obtén el mejor resultado que tú puedas obtener de todas tus experiencias, de las difíciles y de las exitosas. Un gran maestro y amigo solia decirme – *"Tu comenzaras a vivir la vida, en el momento en que tu puedas quedarte con el lado positivo de la negatividad y con el lado positivo del positivismo y obtener el lado positivo de ambos."* Un consejo muy sabio que el día de hoy comparto contigo. Realmente me ha ayudado a vivir la vida con una perspectiva totalmente diferente y con una actitud más positiva, vibrando alto detrás de *"Puertas de Alta Vibración"* creando más y más experiencias positivas.

"Siempre Podemos Elegir Una Reaccion Positiva
Y Favorable Ante Cualquier Situación."

SIN JUZGAR   SIN CRITICAR

Una de mis transfromaciones internas que me sucedieron al poner en práctica **"Las Puertas de Tu Éxito"** es que me ayudó a dejar de juzgarme y criticarme tanto a mi mismo como a los demás. Y yo amo éste sentimiento tan liberador. Hoy sólo me permito darme críticas productivas, favorables, positivas y optimistas que me ayudan a vivir más de mis metas y sueños, que ahora puedo disfrutarles plenamente.

Al observarme a mi y a los demás detrás de Puertas emocionales imaginarias, yo puedo identificar si alguien más se encuentra detrás de **"Puertas de Baja Vibración"** ó detrás de **"Puertas de Alta Vibración"** y en lugar de juzgar o de criticar a los demás porque ellos están experimentando una emoción negativa, una actitud negativa o una positiva, yo simplemente observo detrás de que Puerta se encuentra la persona, sabiendo que la vibración especifica de donde se encuentra esta persona le esta enseñando a él ó a ella a vibrar en su misma frecuencia en esa forma negativa ó en esa forma positiva.

Si la persona se queda detrás de **"Puertas de Baja Vibración"** por un largo tiempo, esta persona pensará, hablará y actuará de manera negativa en alguna vibración baja. El y ella se volverán maestros en esa vibración. Hasta que esa persona se de cuenta que ha estado vibrando y aprendiendo de la clase de experiencias negativas que ha estado creando, atrayendo y viviendo, todas de la misma vibración baja, solo para darse cuenta de que las cosas empeoran y empeoran. Y que todo se puede poner peor si no pone un alto y elige renegociar con el mismo y con la vida para cambiarse de frecuencias y subir su vibración energética interna. La vida siempre nos da nuevas oportunidades y por muy negra y oscura que este nuestra situación siempre podemos volver a elegir estar creando nuestra vida detrás de *"Puertas de Alta Vibracion."*

Por el Contrario. Si una persona se queda detrás de *"Puertas de Alta Vibración"* por un largo tiempo, esta persona pensará, hablará y actuará de una manera positiva de alta vibración. El ó ella se convertirán en maestros en esa vibración hasta que la persona crea que él ó ella son aquello que han estado vibrando y aprediendo de la clase de experiencias positivas que han estado creando, atrayendo y viviendo de la misma manera de esa alta vibración, solo viendo que las cosas mejoran, mejoran y que se pueden poner mucho mejor.

Yo decidi que en lugar de vibrar bajo juzgandome y criticándome a mi y a los demás, como buenos o malos, como correctos o incorrectos, yo elegi observar y darme cuenta de que todos tenemos todo el potencial para convertirnos en la peor persona que nunca antes ha existido, especialmente si pasamos mucho tiempo detrás de todo tipo de *"Puertas de Baja Vibración."* Pero nosotros también tenemos todo el potencial para convertirnos en el mejor ser humano que nosotros podamos ser, vibrando alto, haciendo lo que amamos hacer, pensando, hablando y actuando de una manera positiva detrás de *"Puertas de Alta Vibración."*

> *"Hoy Elijo Dar Lo Mejor De Mi y Vivo Vibrando*
> *en Mi Mejor Verrsion de Mi Mismo."*

Ahora yo solo observo y digo – *"Yo estoy detrás de ésta ó de aquella Puerta. Esta persona está detrás de ésta ó de aquella Puerta."* Y yo entiendo porqué yo ó ellos estamos actuando de la manera en que estamos actuando, dependiendo de *¿Cual Puerta decidimos estar detrás?*

El no juzgar me ha liberado de la comparación, yo he dejado de pensar que soy mejor que los demás o que soy peor que otros. El no criticar me ha ayudado a aceptarme a mi mismo y aceptar a los demás exactamente como todos estamos eligiendo ser, olvidando y dejando ir el deseo de cambiar a todo el mundo, liberando la intención de que los demás piensen, hablen o actúen en la forma que yo deseo que lo hagan, respetando cada elección que los demás hacen *¿A que Puerta eligen quedarse detrás?*

Ahora, yo me siento libre de juicio y de críticas negativas y destructivas, aceptándome a mi mismo y a los demás exactamente como somos, respetando las elecciones de todos y respetando la historia de su vida.

Yo deseo para ti y para todos los que asi lo elijan, que algún día llegues a ser maestro en el uso de *"Las Puertas de Tu Éxito"* comprendiendo de que nosotros vibramos exactamente de la misma frecuencia vibratoria a la de la Puerta que elegimos estar detrás. Al observar a los demás nosotros podemos ver que todos estamos haciendo lo mejor por estar detrás de *"Puertas de Alta Vibración"* tanto como nos es posible y por periodos de tiempo mas largos deseando el mejor resultado positivo en cada una de nuestras experiencias, todos amamos sentirnos bien.

Nosotros podremos observarnos a nosotros mismos y a los demás sintiéndonos incómodos cuando nosotros estamos siendo responsables de la creación de nuestras experiencias detrás de *"Puertas de Baja Vibración"* pensando que somos menos que lo demás, malos, culpables y víctimas de nuestras circunstancias totalmente desenpoderados creyendo que no existe para nada la posibilidad de cambiar nuestras experiencias de vida. Cuando nosotros nos quedamos detrás de éstas Puertas es casi imposible creer en las varitas mágicas, ni en milagros, ni en oportunidades positivas, el Mundo parece oscuro, malo, cruel, frio sintiendo y creyendo que nuestra vida siempre será detrás de *"Puertas de Baja Vibración."* Los hábitos negativos se siguen agregando, y si alguien mas viene y nos invita a *"Puertas de Alta Vibración Positivas"* ayudándonos a elevar nuestros niveles de energía por breves momentos, nosotros escuchamos pero nuestros malos hábitos nos traen de regreso para vovler a estar detrás de *"Puertas de Baja Vibración."* Esto es tan fuerte, que parece que nada ni nadie puede ayudarnos a salir de las bajas y negativas circunstancias en las que nos encontramos.

Al compartir ésto, mi intención es la de hacerte muy consciente de lo que nos sucede al elegir estar detrás de *"Puertas de Baja Vibración."*

Mi intención es la de que nosotros paremos de juzgarnos y criticarnos a nosotros mismos y a los demás y a tener entendimiento y compasión por toda la gente que esta creando su realidad y sus experiencias diarias detrás de *"Puertas de Baja Vibración."* Y la de motivar a mas personas a vivir mejor y a elevar todos nuestra vibración detrás de *"Puertas de Alta Vibración."*

Cada uno de nosotros, tenemos nuestra propia historia de vida hecha por la combinación de todas nuestras experiencias, nosotros tenemos experiencias que amamos, disfrutamos y que estamos felices y nos sentimos bendecidos por tenerlas en nuestra historia de vida, despúes nosotros tenemos aquellas experiencias que han sido difíciles, tristes, horribles aquellas que deseamos dejar ir y nunca volver a experimentar algo asi. Todos tenemos la oportunidad de odiar o de amar y de poseer nuestra propia historia de vida.

En la historia de vida de todos los habitatantes que han vivido aquí y la de los que hoy estamos aquí ha habido momentos de luz y de oscuridad, nosotros tenemos una historia de vida personal completa, única y auténtica. Nosotros seguimos evolucionando constantemente con cada nueva experiencia que elegimos vivir, cada vez que vivimos una nueva experiencia nosotros tenemos la maravillosa oportunidad de crear una nueva historia creando con otros nuestra propia historia de vida y la de ellos. Esto sucede cada vez que elegimos una nueva meta o una nueva experiencia para crerala aquí en este hermoso Planeta.

¿Por que? Nosotros elegiríamos decidir juzgarnos y criticarnos a nosotros mismos ó a los demás en lugar de aprovechar nuestro tiempo y ponernos a crear cada una de nuestras metas más enormes que deseamos ver hechas realidad en esta vida y crearla a nuestra manera. Alejate de gastar tus días juzgando y criticándote a ti o a los demás, no pierdas tú tiempo, sigue haciendo aquellas cosas que más amas hacer y que te darán los resultados que anhelas recoger como cosecha de tu buena siembra.

Hace muchos años atrás yo tuve un momento mágico y hermoso mientras estaba agregando nuevos acuerdos a mi misión personal, yo le hable a mi pasado y le dije *—"Pasado, tu no puedes juzgar ni criticar ni mi* *presente ni a mi futuro."* Después yo hablé con mi futuro y le dije – *"Futuro, tu no puedes juzgar ni criticar ni mi presente ni mi pasado."* Finalmente yo hablé con mi presente y le dije – *"Presente, tu no puedes juzgar ni criticar ni mi futuro, ni mi pasado, ni tampoco mi presente."* Explicandome a mi mismo que siempre estoy tomando la mejor elección y las mejores decisiones con las herramientas que yo tengo en cada momento presente.

Se los comparto con todo mi cariño y amor. Con la mejor inteción de que cada uno de ustedes pueda liberarse de cualquier tipo de crítica y juicios negativos y comezar a vivir su vida con Total libertad.

ANALIZANDO

Analizando es una muy positiva *"Puerta de Alta Vibración."* No juzgar y no criticar nos da una sensación liberadora de libertad y la bellísima oportunidad de elevar más y más nuestros niveles de energía, nosotros nos podemos mantener más enfocados en aquellos que deseamos manifestar y crear en cada momento de nuestra historia de vida.

Analizando es muy diferente, nos empodera, nos permite describir las situaciones desde el punto dónde nos encontramos parados, es una maravillosa Puerta para estar detrás. Analizandonos a nosotros mismos con ojos amorosos de entendimiento, auto-compasón, admiración, reconocimiento y con tantos principios positivos que deseamos agregar, nos da una mejor perspectiva positiva de aquello que hicimos en el pasado, de lo que estamos haciendo en el presente y de aquello que nos gustaría hacer en el futuro. Nosotros podemos aprender de nosotros mismos y de los demás, empoderándonos a mejorarnos a nosotros mismos en cualquier área que nosotros elijamos hacerlo. Nosotros siempre podemos darle la bienvenida a la crítica constructiva y positiva asi como a consejos positivos de aquellos que nosotros elijamos permitirnos.

Nosotros siempre podemos aprender de otros, analizando sus hábitos, estudiando las historias de sus vidas, ¿Como es que ellos hacen sus elecciones para hacer las cosas que más aman hacer? ¿Qué han hecho ellos para lograr alcanzar más altos niveles de amor propio, de auto realización y de auto reconocimiento en muchas areas de sus vidas? Analizando nos liberará de juzgar y de hacer criticas negativas si nosotros elegimos vibrar alto.

Analizando, nos ayuda a describir de una manera desapegada para entender más como los demás están creando y han creado sus historias de vida, cuando nosotros elegimos escucharlos cuidadosamente, ellos nos comparten de sus experiencias que han estado creando detrás de *"Puertas de Alta Vibración"* y de cuando ellos han estado detrás de *"Puertas de Baja Vibración"* ellos expresaran muchas historias maravillosas y si nosotros escuchamos cuidadosamente nosotros podemos captar ideas maravillosas que nosotros podemos agragar a nuestra vida. Podemos elegir que todo sume a favor.

Nosotros podemos analizar y estudiar la vida de tanta gente como nosotros queramos, de gente famosa, de nuestros familiares, de nuestros antepasados y ancestros asi como de nuestros amigos, de gente que admiremos, de gente que obtienen un reconocimiento global y de muchas más.

Nosotros podemos aprender mucho cuando nosotros decidimos estudiar la información y los descubrimientos que otros han encontrado ó creado, después nos podemos empoderar haciendo ésta información nuestra y poniendola en acción en nuestra propia historia de vida, nosotros podemos tener nuestras propias experiencias usando la sabiduría que otros contribuyeron al compartirla con la vida. Esta abierto para aprender y estar inspirado por los demás, tu puedes maravillarte cuando pongas en practica su información con tu propio estilo, de aquellos que otros ya son maestros a su manera muy personal, tu también lo puedes hacer justo a tu manera.

Por mi experiencia propia yo te invito a visualizar e imaginar este método de *"Las Puertas de Tu Éxito"* yo te invito a que veas la vida con mis lentes, date la oportunidad, no es difícil, de hecho es fácil y sencillo hacerlo. Recuerda entre más lo practiques, mejor lo manejarás.

"Hoy Soy Libre De Todo Tipo De Juicio Y De Critica Negativa Y Destructiva. Hoy Me Acepto Y Me Amo. Acepto Y Amo A Los Demás. Fluyo Maravilloso Cada Dia De Mi Vida Estando Muy Presente En Este Momento Y En Cada Momento De El Aquí Y Del Ahora."

BIENESTAR

Uno de los principales propósitos e intenciones de utilizar el método de *"Las Puertas de Tu Éxito"* es traer y crear *"Bienestar"* para nosotros mismos y para los demás. Nosotros lo obtenemos al invitarnos a nosotros mismos y a los demás a estar detrás de *"Puertas de Alta Vibración"* Nosotros pensamos, hablamos, actuamos y respiramos *"Bienestar"* sintiéndonos bien con nuestro cuerpo, mente y espíritu, mejorando y mejorando nuestra relación con nosotros mismos y con los demás. Entre más tiempo invirtamos en crear y generar *"Bienestar"* sabiendo lo que es mejor para nosotros, hará que nuestra relación con nosotros mismos sea mucho mejor y como resultado tengamos una mejor relación con el resto del Mundo.

Cuando nosotros nos enfocamos y nos quedamos detrás de la Puerta del *"Bienestar"* nuestra atención y nuestras acciones serán aquellas que nos traigan más salud de manera integral, felicidad, alegría, comodidad, paz, armonía y todo lo bueno. Lo mejor de la vida nos será hecho llegar momento a momento. Este maravilloso sentimiento de *"Bienestar"* es tan poderoso que trabaja en perfecta sincronicidad con todas las *"Leyes Universales."* Cuando nosotros estamos vibrando alto sintiéndonos tan bien, todas las *"Leyes Universales"* siguen trabajando a nuestro favor trayéndonos mayor bien y mayor bien constantemente, experiencia tras experiencia, momento tras momento, cada día de nuestra vida.

Para muchos de nosotros, nos toma mucho tiempo madurar, entendiendo la importancia de confiar en nuestra voz interior cuando ésta nos está guiando hacia nuestro *"Bienestar"* y distinguir cuando otras bajas frecuencias y bajas vibraciones nos están invitando a que las experimentemos pero ellas no son buenas para nosotros. Claro entre más aprendemos, entre más maduramos y escuchamos cuidadosamente a nuestra guía interior y a otros que ya se encuentran detrás de *"Puertas de Alta Vibración"* mas elegiremos estar detrás de la Puerta del *"Bienestar."*

Todos deseamos y deseamos *"Bienestar"* a nuestra amada familia y amistades, algunos de nosotros lo deseamos para todos en el Planeta. Si alguien a quien amamos esta viviendo una situación difícil nosotros queremos lo mejor para ellos, es importante que nosotros nos quedemos detrás de la Puerta de *"Bienestar"* respetando nuestra creación y respetando la creación que esta manifestando aquel a quien amamos, permitiendo que ellos fluyan y vivan su propio proceso cuando ellos están viviendo aquello que no desean estar viviendo. Nosotros podemos ayudar, dar nuestra mano y esperar que ellos elijan estar detrás de *"Puertas de Alta Vibración."* Nosotros podemos hacer lindas invitaciones para que se nos unan a estar detrás de las maravillosas Puertas de las que nosotros estamos detrás. Ellos quizás entren cuando nosotros estamos con ellos, y algunas veces ellos regresaran a las *"Puertas de Baja Vibración"* tan pronto como nosotros nos vayamos. Todos somos libres para elegir donde queremos estar y con quien queremos estar. Todos nosotros hacemos nuestras propias elecciones y decisiones personales lo mejor que podemos cada día.

"Hoy Elijamos Crear Bienestar Para Nosotros
y Para Todos. Vibremos Bienestar"

Algo que me maravilla es como las *"Leyes Universales"* toman acción todo el tiempo. Cuando decidimos estar detrás de *"Puertas de Baja Vibración"* mucha gente aparecera, gente que también esta detrás de estas Puertas, por que ellos también están vibrando bajo emocionalmente.

Nosotros podemos pensar que nadie quiere estar alli, sólo para nuestra sorpresa de encontrar tanta gente alli. Es realmente increíble y es más impresionante que nosotros hemos estado allí detrás de estas *"Puertas de Baja Vibración"* tantas veces sintiéndonos negativos compartiendo nuestras experiencias negativas con más gente que esta vibrando bajo y negativamente.

Lo más maravilloso es que cuando decidimos estar detrás de *"Puertas de Alta Vibración"* nosotros estaremos vibrando alto, sintiéndonos bien y nosotros encontraremos mas personas detrás de estas Puertas sintiéndose bien y queriendo mas *"Bienestar"* para ellos y para los demás. También las *"Leyes Universales"* ejercen acción pero esta vez a nuestro favor y en favor de toda la gente que esta vibrando alto y atrayendo mayor bien y mejores experiencias en cada momento. Atrayendo la gente positiva correcta hacia nosotros y las cosas mejoran y mejoran para todos aquellos que nos enfocamos en vibrar *"Bienestar."*

> *"El Bienestar Que Elijo Crear Hoy En Mi Vida*
> *Genera Salud Integral, Esto Significa:*
> *Salud Emocional y Salud Social*
> *Salud Mental y Salud Económica*
> *Salud Física y Salud Espiritual."*

CAPÍTULO 11

MI SOÑADOR Y CREADOR INTERIOR

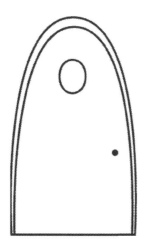

*"Aparentemente Cuesta Lo Mismo Pensar Positivamente,
Optimisticamente Y Manteniendonos Enfocados En Crear
Nuestra Vida Con Las Metas Que Si Queremos Vivir. Que
Ser Descuidados En Nuestro Pensar, Hablar Y Accionar
Negativo Y Destructivo. Ambos Nos Darán Un Resultado,
El Primero Lo Que Si Queremos Vivir. El Segundo
Precisamente Nos Dará Lo Que No Queremos Vivir.*

¿Hoy Que Estamos Más Conscientes Que Estamos Eligiendo Crear?"

Bienvenido a mi Puerta favorita, por favor camina adentrándote y quédate detrás de la Puerta de *"Mi Soñador Y Creador Interior."* Suelta, deja ir el uso de juicios y deja ir tu opinión de la realidad ajena, deja ir la crítica destructiva. Ahora liberate a ti mismo, porque nosotros vamos a crear nuestros más preciados Sueños. Nosotros vamos a dejar que nuestra mente vuele y que se conecte con nuestro corazón, permitiendo que fluyan, fluyan y fluyan todas nuestras mejores ideas. Cuando nosotros elegimos y decidimos estar detrás de esta Puerta nosotros podemos estar con nuestros ojos abiertos o con nuestros ojos cerrados, como sea que nos sintamos más cómodos para Soñar… …Nosotros vamos a permitir que nuestra creatividad nos ayude a diseñar nuestros Sueños, nuestras Metas y nuestros mas deseados Deseos.

Se un Soñador y elige crear una Meta a la vez, imagina como quieres que sea, diséñala con todos los detalles, agrégale colores, agrégale sonidos, agrégale risas y todas las emociones que tu quieres que tenga, siente con todo tu corazón estas emociones y sigue visualizando la foto en grande de tu Sueño, y sigue agregando y agregando más y más detalles, hasta que tengas una sonrisa dibujada en tu rostro porque tú te ves viviendo esta experiencia antes de tiempo con todo lo que tu deseas que tenga, tú puedes agregar a la foto la gente que estará compartiendo contigo ésta Meta, éste Sueño, éste Deseo que tu tienes y síguelo viendo en tu mente, tú puedes imaginarte dibujando éste Sueño en un Lienzo Enorme ó verlo como una Película en una Pantalla de Cine Enorme. Sólo permitela y sigue agregando lo que sea que tú deseas ver en ella. Cuando tú sientas que has terminado, observa la Foto en Grande y checa como te sientes, si hay algo que te diga – puedes agregar ésto ó lo otro, ¡Solo Hazlo! Hasta que tú te sientas totalmente satisfecho con el diseño de tu Sueño. Cuando tu termines tu puedes ir a tu cuadernos de Sueños, Metas y Deseos. Escribe tu Sueño tal y como lo viste en tu mente mientras estabas detrás de la Puerta *"Mi Soñador y Creador Interior"* quédate detrás de esta Puerta mientras tú escribes tú Sueño en tú cuaderno. Tú puedes utilizar colores, marcadores, acuarelas para diseñar tú Sueño, asi como papel decorativo, recortes de revistas y lemas que te ayuden a empoderar la visión de tu Sueño. Tú también puedes escribir todos los sentimientos positivos que sentiste y los sentimientos positivos que tú deseas experimentar cuando tú Sueño se haga realidad. Se Creativo, se Único, Auténtico, hazlo a Tú Manera *¡No Hay Limites! ¡Asi Que Sueña en Grande!*

Entra a la Puerta de *"Mi Soñador y Creador Interior"* cada que tu quieras y tan seguido como tu gustes, y has este ejercicio con cada uno de tus Sueños, Metas y Deseos. Tú te maravillarás y sorprenderás lo rápido que haces que tus Sueños se vuelvan realidad. Tú podrás ver tus Sueños en tu cuaderno de tus Sueños, Metas y Deseos. Y permíteme decirte que se siente tan bien cuando tú estas viviendo tus Sueños asi como los visualizaste, y espera eso no es todo, la vida es tan maravillosa y tan generosa que le agregará mucho más. Después tú regresarás a tú cuaderno de Sueños, Metas y Deseos y le pondrás palomita en el Sueño que se ha vuelto realidad. Tu tendrás muchas palomitas y mantendrás sintiéndote muy bien y maravilloso detrás de *"Puertas de Alta Vibración"* y dentro de tú *"Circulo de Me Siento Muy Bien"* sintiéndote Muy Bien, Muy Feliz y Muy Maravilloso.

"Yo Tengo Tantas Historias Maravillosas De Todos Los Sueños Que He Hecho Realidad. Y Deseo Que Tu Tambien Las Hayas Creado Ya"

LA PEQUEÑA AVIONETA

Yo amo compartirte esta historia real. Mis Mejores Experiencias han sucedido cuando yo he estado detrás de *"Puertas de Alta Vibración."* Durante muchos años he visto que la vida me ha estado diciendo *"SI"* a mis Sueños, Metas y Deseos. Asi que permíteme contarte, Yo siempre tuve el Sueño de volar un avión; yo tengo un tio, un primo y dos sobrinas que son Pilotos Capitanes, son expertos para volar aviones comerciales enormes. Ellos estudiarón, ellos fuerón a la Universidad Aérea y se graduarón como pilotos aéreos. Pero yo nunca fui a la universidad para aprender a volar un avión.

Asi que mi Sueño se fue volviendo más grande y más grande asi como iban pasando los años. Yo tomé muchos cursos que me enseñarón como hacer que mis Sueños se volvieran realidad, asi que yo use sus técnicas durante toda mi vida. Pero volar un avión era un Sueño Grande para Mí.

Un día estaba yo trabajando en mi cuaderno de Sueños, Metas y Deseos. Yo hice el ejercicio de agradecimiento anticipado del que menciona la "La Ley de la Atracción." Así que en mi cuaderno puse la fotografía de una pequeña avioneta, una foto muy hermosa, y en la foto la avioneta iba volando. A un lado de la foto yo escribí – *¡Gracias Amigo, por dejarme volar tu hermosa avioneta, el viaje fue maravilloso, la vista, nosotros ibamos volando muy veloces y guau! ¡Fue Una Experiencia Increible, Gracias! ¡Gracias! ¡Gracias!* En el momento que yo escribi este Sueño en mi cuaderno yo agregué todos mis buenos sentimientos y mis emociones. Después dejé ir mi Sueño hacia el Universo, a la cocina Cósmica. Cada vez que veía en mi cuaderno lo que había escrito y la foto de la avioneta volando yo me reía y me sentía muy feliz y maravilloso visualizando mí Sueño. Yo hice éste ejercicio en Abril del 2008. Pasaron los días y los meses. En un sábado por la mañana en el mes de Julio 2008, uno de mis mejores amigos me llamó desde Alaska, diciéndome que yo estaba siendo invitado a Alaska a la boda de Michelle y David, Yo dedique muchos años a ser terapeuta de masaje holístico asi fue como conoci a mis amistades de Alaska y fui invitado para darles 2 horas de masage holístico y a exfoliar a cada uno de los novios. Yo había sido invitado como parte de los multiples regalos que los novios recibirían. Asi que yo dije *"SI, Gracias."* Y me fui a Alaska; a un pequeño y hermoso pueblo cerca de Anchorage, por una semana maravillosa. Nosotros pasamos un tiempo maravilloso en Alaska, La Boda fué Increible a la orilla de un lago hermoso, en una casa enorme de lujo, bellísima donde estuve hospedado. Todo el mundo lindísimos y la Boda Increible. Toda la semana fué espectacular llena de momentos maravillosos. Bueno, la mañana siguiente a la Boda mi amigo me despertó y me dijo – *"Arturo, ¡Levantate! Tim te quiere llevar a volar en su avioneta."* Yo me levanté de un brinco y le dije – *"¿Que? ¿De Verdad? Yo voy sólo si me deja volar su avioneta.*

Yo inmediatamente me fui a hablar con Tim. El me dijo – *"Si Arturo, yo te dejo manejarla cuando estemos en el aire."* Yo estaba tan feliz como cuando estuve en los parques de Disneylandia ó cuando era niño o cuando yo abría mis regalos de Navidad. Yo no lo podía creer.

Tim dueño de la avioneta, dos amigos más y yo nos fuimos en una pequeña lancha cruzamos el lago y llegamos a casa de de los papas de Tim. Donde su hermosa avioneta estaba allí esperándonos a un lado del lago. Los 4 nos subimos en la avioneta. Tim me dijo – *"Arturo, subete adelante, tu estarás manejando cuando estemos en el aire."* Así que despegamos del lago y en seguida ya estábamos volando en el aire, y yo tuve la fortuna de estar volando la avioneta de mi amigo en Alaska sobre una hermosa y preciosa zona donde se podían ver tantos Pinos, y yo dije – *"Yo nunca había visto tantos arboles de Navidad juntos en toda Mi Vida. Yo era el más feliz, mi Sueño se volvió realidad, yo estaba volando el avión de mi amigo y la vida me lo vistió con los maravillosos alrededores de Alaska y con hermosas amistades. ¡Guau! ¡Guuuuuuuau! ¡GUAU! ¡Tan, Tan, Tan Agradecido! ¡La Vida es Muy Generosa y Abundante! Siempre Hay Suficiente Para Todos Nosotros."* Yo podría escribir un capitulo completo acerca de los momentos maravillosos que tuvimos en esta semana única, en Alaska,

Yo he estado vibrando muy hermoso durante muchos días de mi maravilloso viaje de vida, yo he podido ver tantos Sueños hechos realidad para mí, para muchas, muchas, muchas amistades, para mi familia y para mucha gente en todo el planeta. *"Esta Es La Razón Por La Que Yo Te Vengo a Invitar A Que ¡Sueñes en Grande! ¡Por Que Los Grandes Sueños Se Vuelven Realidad!"* Sigue Permitiéndote Soñar, entra por la Puerta de *"Mi Soñador y Creador Interior"* y diseña todos tus Sueños, Metas y Deseos, porque ellos se volverán realidad.

EL ESCENARIO MÁGICO

¡Aquí nos vamos a divertir mucho! *"El Escenario Mágico"* es mi segunda maquina científica e imaginaria. Donde sea que te encuentres, tú puedes visualizar e imaginar que tú entras a un teatro, en su interior tú ves tú *"Escenario Mágico"* tú te lo puedes imaginar tan grande como tu gustes; por ejemplo: como el de Tu Teatro Favorito Del Mundo ó tan pequeño como tu quieras, imagínate a ti mismo parado en el, observa que sólo te suceden cosas buenas, obsérvate saludable, prospero, feliz, en calma, pacífico y en armonía, abundante. Obsérvate expandiendo tus elecciones y que estas tomando excelentes decisiones, tú te puedes ver viajando a lugares hermosos, haciendo muy buenas compras, teniendo maravillosas experiencias con gente hermosa, sólo visualízate agregando mas bienestar a tú vida y mayor bien a cada uno de los momentos de tus creaciones mentales acerca de tú vida.

Algo que yo amo hacer cuando yo imagino mi *"Escenario Mágico"* es visualizar muchas pantallas planas, 10 ó 20 pantallas de tv, en cada una me imagino viéndome a mi mismo viviendo diferentes de mis experiencias favoritas de mi vida, por ejemplo: en una me veo recibiendo un masaje sanador, en otra me veo viajando en un maravilloso Crucero por el Mediterráneo, ó por el Caribe ó por Alaska. En otra me veo nadando en la Alberca Olimpica, en otra me veo brincando con mi entrenador de una avioneta, en otra me veo ganando un premio enorme de primer lugar de la loteria, en otra me veo a mi mismo muy saludable, próspero y muy feliz, en otra veo mi libro publicado y que se está vendiendo por todas partes del planeta, yo veo a mucha gente leyéndolo y disfrutándolo. En otra pantalla me veo que estoy viviendo tiempos maravillosos con mi familia, y en otra me veo teniendo momentos maravillosos con mis amistades. Yo le permito a mi *"Soñador Interior"* que me ayude a visualizar tantas pantallas como yo quiera. Mientras estoy viendo todas y cada una de estas pantallas, yo elijo estar detrás de *"Puertas de Alta Vibración"* sintiéndome muy bien y agregando estos buenos sentimientos a cada una de mis experiencias en las imágenes que yo veo en cada una de las pantallas que yo estoy imaginando en mi *"Escenario Mágico."*

Una de las cosas más importantes que debemos hacer cuando imaginemos y visualicemos nuestro *"Escenario Mágico"* es que sólo visualicemos que sólo nos pasan cosas buenas y positivas, y que nos sentimos felices viviendo esas experiencias que nosotros estamos visualizando, permitiendo que fluyan mas cosas buenas y permitiendo que también fluyan los buenos sentimientos.

Algunas veces me veo parado en el centro de mí *"Escenario Mágico"* con mis brazos bien abiertos y pensando – *"Estoy Abieto y Receptivo a Todo Lo Bueno"* sintiendo realmente bien y observando que atraigo hacia mí buenas cosas, buenas experiencias, buena gente, buena salud, buenos y bonitos regalos de la vida, y allí me quedo sólo imaginando buenas cosas llegando a mí, yo veo que mis más Grandes Sueños se están volviendo realidad y que gente hermosa me está ayudando a que sucedan.

Es realmente hermoso poder ver todas estas experiencias maravillosas, que yo quiero vivir, primero sucediendo en mi mente mientras yo las estoy visualizando en mi *"Escenario Mágico."* Siendo todas estas experiencias muy positivas, satisfactorias, y con sentimientos maravillosos. Yo puedo ver que están sucediendo mis sueños y metas con todos los detalles que quiero verlas y les agrego lo que deseo agregar. Permitiendo que fluya naturalmente mi imaginación y ejercitando mi mente a que piense de una manera muy positiva acerca de mis Sueños, Metas y Deseos.

Yo no me presiono a mí mismo para nada, yo fluyo naturalmente con buenos sentimientos. Yo hago mi parte de soñar, imaginar, visualizar y pensar en que todos mis Sueños, Metas y Deseos están sucediendo de una forma muy positiva en mi *"Escenario Mágico"* después me relajo, y permito que la vida me conteste, yo permito que la vida haga lo que tiene que hacer para ayudarme a que se hagan realidad mis Sueños, Metas y Deseos. Permitiendo que la vida me los traiga con *"Salud"* y agregando más *"Bienestar"* a mi vida. Claro yo tomo mis acciones en dirección de cada uno de mis sueños y metas.

Cuando yo elijo activar mi *"Escenario Mágico"* yo sólo me permito imaginar y visualizar que buenas cosas me suceden a mi, solo experiencias positivas. Si en ciertos momentos un pensamiento negativo, una emoción negativa ó una imagen negativa intentan filtrarse, Yo hago un Alto. Me siento agradecido y pongo más imágenes positivas, más pensamientos positivos y más sentimientos positivos en la visualización que estoy haciendo.

Cuando yo visualizo a otros en mi *"Escenario Mágico"* yo imagino que también sólo cosas buenas les están sucediendo. Cada visualización esta creada con imágenes y emociones de vibraciones de alta frecuencia, todas hechas mientras estoy detrás de *"Puertas de Alta Vibración"* Este buen hábito me ayuda a ayudar a otros y a mi me mantiene vibrando alto y favorablemente, pensando cosas buenas para otros, Puedo apoyarles en ver que sus metas y sus sueños también se están haciendo realidad.

Cuando yo estoy viviendo cada una de mis experiencias que elijo crear, me enfoco en estar detrás de *"Puertas de Alta Vibración."* Yo también activo mi *"Circulo de Me Siento Muy Bien"* y yo estoy fluyendo de la mano de mi *"Escenario Mágico"* solo esperando que me sucedan buenas cosas a mí, a aquellos conmigo y a mí alrededor, y a todos aquellos en quien yo elijo pensar.

Nuestra mente es muy poderosa y tiene un gran potencial especialmente cuando nosotros la usamos a nuestro favor, en favor de la vida y en favor de otros. La vida continuara ayudándonos a manifestar nuestro mayor bien en cada momento de nuestra vida si tan sólo nosotros elegimos entrenarla a pensar de ésta manera.

Una cosa hermosa que podemos hacer, es utilizar nuestras *"Listas de Favoritos."* Ellas nos ayudarán a visualizar e imaginar en nuestro *"Escenario Mágico"* que todas nuestras experiencias favoritas están sucediendo antes de tiempo. Nosotros podemos sentir agradecimiento en el momento en que estamos imaginando y visualizando, el sentirnos agradecidos de seguro agregará magia para hacer que nuestras experiencias favoritas se vuelvan realidad.

Ahora es tu turno de intentarlo, sintiéndote bien quédate detrás de *"Puertas de Alta Vibración"* actíva tu maravilloso *"Circulo de Me Siento Muy Bien"* y visualiza e imagina todas tus futuras creaciones en tú *"Escenario Mágico."* Diviertete,.. …¡Hazlo A Tú Manera! Hazlo tan seguido como gustes y manifiesta mas buenos momentos y más experiencias grandiosas en tu vida diaria, Tú verás y sentirás más *"Bienestar."*

Un pequeño recordatorio, activa todas las buenas emociones y todos los buenos sentimientos que tu quieras agregar y permite que te fluyan todas las ideas positivas mientras tu visualizas e imaginas tú *"Escenario Mágico."* No hay un tiempo límite para hacerlo, tú lo activarás en cualquier momento que lo quieras, especialmente cuando quieras que las cosas fluyan a tu manera, a tú favor y que genére bienestar para todos los involucrados. Después de un tiempo de visualización. ¡Dejalo Ir A La Cocina Cosmica! Y permite que la vida y que todo el Universo y sus leyes traigan a tí aquello que tú deseas.

En el pasado ya hemos vivido muchos de nuestros Sueños, Metas y Deseos. Ahora al agregar a nuestra mente el usar nuestro *"Escemario Mágico"* será una excelente herramienta para mantenernos positivos acerca de que nuestras futuras creaciones se vuelvan realidad, como ha sido en el pasado ó aun mejor.

Piensa – *"La Vida Esta De Mi Lado"*, *"La Vida Quiere Lo Mejor Para Mi"*, *"La Vida Sabe Lo Que Yo Mas Deseo Y Me Esta Ayudando A Hacerlo Realidad"*, *"Aquello Que Yo Deseo Ver Hecho Realidad Tambien Desea Verme Alli Viviendolo."*, *"La Vida Me Ama Y Yo Amo La Vida"* y *"Yo Me Amo."*

Fluye facilmente, confiando, permitiendo, sin poner resistencia y tú verás que suceden momentos mágicos y más de aquellos que tú estas deseando y pidiendo con todos tus sentidos y con todo tu corazón. *"SI"* Cuando tu estes esperando que tú Sueño suceda, sólo activa tú *"Escenario Mágico"* cofiando en que la vida también está trabajando contigo para hacer que suceda.

ANTES DE QUE HAGAS UNA ELECCIÓN

Practica el buen hábito de la visualización, antes de que hagas una elección y antes de que tomes una desición final, observa en tu mente, a donde te llevará tanto a tí como a los demás la elección y decisión final que tomes. Ve los resultados y las consecuencias que generarás Imagina las siguientes opciones de Puertas:

EL MEJOR RESULTADO   *EL PEOR RESULTADO*

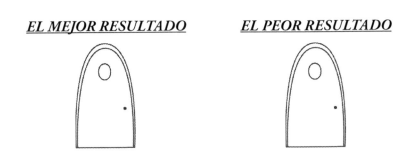

Yo siempre recomiendo el tener estas dos Puertas en nuestra mente, cuando nosotros estamos visualizando la foto en grande de nuestras elecciones. Después yo sugiero que tengas estas tres opciones:

PLAN "A"   *PLAN "B"*   *PLAN "C"*

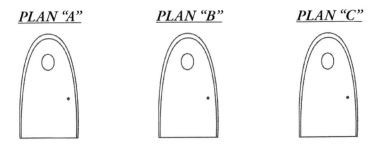

La mejor cosa que podemos hacer es el tener tres opciones positivas de donde elegir. Al hacer esto nuestro resultado será positivo, Después nosotros podemos analizar cual de estos planes es el que nos trae el mejor resultado para nosotros y para todos los que estamos involucardos en este plan.

Tener el buen hábito de hacer nuestras elecciones con la intención y el propósito de obtener un resultado positivo, que traerá nuestro mayor bien y el mayor bien de todos los involucrados, siempre es muy apreciado por todos, y nosotros nos sentiremos muy bien. La energía no miente y sabe perfectamente cuando llegamos a un acuerdo donde todos salimos beneficiados de manera justa ó si es lo opuesto.

Mi gran amiga Marines Valencia quien es una excelente experta Reiki Master me inicio en el mundo del Bienestar a travez de esta disciplina, ella tiene un dicho muy sencillo que yo amo – *"La vida es muy sencilla, si la elección que vas a tomar te hace sentir bien, ¡hazlo! Si tú dudas, ¡no lo hagas! Tu voz interior te esta diciendo y te esta guiando para que estes consciente y alerta. Confia en Tu Voz Interior, Confia en Tu Intuición."*

Cuando tú te encuentres en una situación donde las cosas no se sienten bien para tí, ni siquiera lo pienses en entrar a esa vibración. Sigue adelante, muévete y elije una de tus otras opciones donde tú te sientas bien y cómodo, tu voz interior te dirá cual es la mejor opción para ti.

Elije de tus planes *"A"*, *"B"* ó *"C"* aquel que te hace sentir mejor. Confia en Tu Guia Interior. Sigue fluyendo co-creando con los demás que elijen estar detrás de *"Puertas de Alta Vibración"* haciendo que tus experiencias sean aquellas que te hacen sentir bien, donde las cosas se sienten tan bien que parece que todos y todo esta apoyando la co-creación de tu elección. Todo parece estar de tú lado manifestando solo lo mejor, y lo mejor sigue fluyendo y sucediendo, donde tú te sientes muy bien y totalmente satisfecho.

Alineate con tu propia vibración, asegúrate de estar alineado contigo mismo y con las más maravillosas altas frecuencias. Siéntete conectado al amor, con el amor en tu corazón, con todo el amor del Universo y con todo el amor que lo crea todo y que nos ayuda a co-crear todas nuestras experiencias. Entra y quédate detrás de *"Puertas que te hacen Sentir Muy*

Bien" "Puertas de Alta Vibración" donde sientes tu corazón lleno de amor, feliz y sonriendo, sintiendo paz, alegría, armonía y todas las buenas vibras que la vida tiene para ofrecérnoslas a todos nosotros.

ESTUDIAR

Ten una gran actitud cuando tu decidas Estudiar, No importa cual sea tu edad. Ábrete, aprende acerca de la vida, aprende de otros y aprende de tus propias experiencias. En la vida nosotros tenemos muchas opciones de donde elegir que estudiar, nosotros realmente tenemos un maravilloso buffette de multiples oportunidades.

Todos nosotros podemos elegir aprender y estudiar aquello que hace cantar a nuestro corazón, dónde nosotros sentimos el llamado, donde el sentimiento de estudiar esa área o ese tema específico se siente muy bien. Se siente que nosotros estamos siendo jalados a estar detrás de la Puerta correcta de Estudio.

Nadie puede decidir por nosotros lo que debemos ó lo que no debemos estudiar. ¡Alto! No permitas el poner tu poder interior en alguien más para que tome las elecciones que son tuyas de elegir. Tu siempre puedes tener orientación de expertos acerca de las diferentes áreas y los deferentes temas en los que tú estas interesado. Cada uno de nosotros estamos aquí para seguir a nuestro corazón y el llamado de nuestro espíritu para vivir lo que realmente hace que nuestro corazón cante de alegría. En diferentes edades nosotros podemos estudiar diferentes cosas. Nosotros podemos ir a la universidad y nosotros podemos ir a muchos talleres y seminarios diferentes que hay por todas partes en todo el Planeta.

Ahora en nuestros dias, además de la existencia de tantas escuelas, colegios y universidades. Hay muchos entrenadores de vida "life coaches" y gente que por todo el mundo esta enseñando muchas cosas maravillosas en talleres y seminarios acerca de muchos temas diferentes para ayudarnos a sentir bien y mejor. Nosotros tenemos acceso a tanta información en internet existen miles de libros de los que podemos aprender.

Cuando nosotros estamos haciendo nuestras elecciones, nosotros debemos ser cuidadosos, por que nuestra elección nos puede ya sea ayudar a acercanos a lo que realmente queremos o nos puede alejar de lo que realmente deseamos, checa las dos Puertas siguientes:

ACERCÁNDOME   *ALEJÁNDOME*

Cada elección que nosotros hagamos en nuestro diario vivir una de dos ó nos acerca a aquello que más deseamos ó nos alejará de aquello que más deseamos. Siendo muy honestos con nosotros mismos, nosotros siempre sabremos hacia donde nos dirigimos. La vida es muy sabia y nos ayuda mucho, porque mientras el tiempo pasa nosotros siempre sabemos detrás de que Puerta elegimos estar más seguido. Por supuesto que si estamos viviendo nuestros Sueños, Metas y Deseos, nosotros hemos estado detrás de las Puertas correctas.

Una vez que estamos en el camino correcto, donde nosotros sentimos que hemos hecho la elección perfecta, tomado la mejor decisión, todo parecerá como si estuviéramos en un río fluyendo fácilmente en la dirección correcta hacia nuestros Sueños, Metas y Deseos.

Nuestros pensamientos, nuestras palabras, nuestras acciones nos mostrarán si nos estamos alejando o si nos estamos acercando a nuestros más deseados

Sueños. Momento tras momento, entre más entremos y nos quedemos detrás de *"Puertas de Alta Vibración"* estaremos experimentando los mejores sentimientos y por todos éstos buenos sentimientos, pensamientos, palabras y acciones nosotros estaremos viviendo más de nuestros deseos, haciendo que nuestros Sueños se hagan realidad, y disfrutando cada momento de ellos. Si queremos algo en esta vida, y eso que queremos pertenece a un mundo de Alta Vibración, será muy importante que nosotros subamos nuestra vibración a la misma frecuencia vibratoria de nuestro deseo.

Sigue eligiendo sentirte bien, el vibrar alto emocionalmente, el sentir el amor, el hacer las cosas con amor, todo lo que hagas, hazlo con amor, y elije hacer lo que más amas hacer. Confia en tú Voz Interior y en tú Intuición. Una vez que hayas elegido estudiar aquello que amas y que lo hayas aprendido, ponlo en práctica y enséñalo si te es posible. Elije poner en práctica las técnicas de *"Las Puertas de Tu Exito"* y continúa creando y viviendo la vida de tus Sueños.

CAPÍTULO 12

SIGUE Y VIVE TU PASIÓN

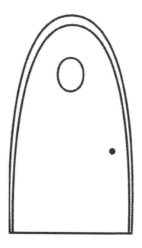

"Miles De Personas Se Llenan De Valor Y Coraje. Han Elegido Vivir Su Pasión Y Se Dedican A Hacer Lo Que Más Aman Hacer En La Vida. Otros Se Olvidan De Vivir Su Pasión.

¿A Cuál Grupo De Personas Quieres Pertenecer?"

Yo te invito a que entres a esta Puerta, esta es una grande, tu tienes que elegir ser muy honesto contigo mismo, escucha tu corazón y a tu alma, ¿Qué Te Dice? porque es dentro de tí en donde encontrarás tu verdadera pasión en la vida, no necesariamente tiene que ser una sola Pasión, tú puedes tener más de una. Cuando tú decidas escuchar tu corazón tú podrás elegir hacer aquello que más amas hacer, y los retos se presentarán, pero muy profundo en tu interior encontrarás las herramientas para vivir Tu Pasión, tú sabes porque estarás haciendo aquello que hace cantar a tu corazón y que hace que todo tu cuerpo vibre fabuloso.

Cuando nosotros nos permitimos seguir nuestros Sueños más deseados y el vivir nuestra pasión día con día, nuestro corazón palpita diferente y nos sentimos muy bien y muy felices. Cualquiera de los Artistas más talentosos, satisfechos y felices, hombres y mujeres, músicos, actores, actrices, chefs, ingenieros, arquitectos, doctores, científicos, escritores, directores de películas y más… …son aquellos que han seguido a su corazón y han elegido vivir su pasión.

Todos tenemos la oportunidad de seguir nuestra pasión, nosotros debemos ser persistentes y consistentes hasta que nosotros estemos allí viviendo nuestra pasión. Nosotros debemos hacer todo lo que sea necesario para alcanzar la claridad y ser muy honestos con nosotros mismos y con la vida, y asi expresar de todas maneras lo que más amamos hacer. No es tan difícil encontrar cual es nuestra pasión, en realidad es algo sencillo, porque nosotros realmente disfrutamos hacer aquello una y otra vez con mucho placer y satisfacción

Disfruta y ama aquello que eliges hacer en tu vida, en otras palabras haz aquello que tú más amas hacer. Tu cuerpo, tu mente y tu alma reflejarán la alegría y la felicidad que tú experimentas cuando tú haces lo que tú más amas hacer.

Si tú te has permitido seguir tu pasión y a causa de ello, tú has estado viviendo muchos de tus Sueños, Metas y Deseos. Sigue adelante sumando más experiencias favorables. Mantente buscando en el interior de tu corazón, te puedes sorprender y encontrar nuevas pasiones y nuevos sueños que tu deseas vivir. Permite que tu corazón se conecte con tu mente y entonces sólo toma las acciónes necesarias para vibrar alto y esta detrás de la Puerta de *"Sigue y Vive Tú Pasión."* Sigue viviendo tus Sueños, con un espíritu jovial, no importa cual sea tu edad, sigue adelante, confía, cree en ti y cree en la vida. Hay tanto por vivir y por descubrir.

Sigue creando tu propia realidad, sabiendo que tu viaje de vida valdrá la pena todo el camino. Asegúrate de que aún cuando habrá obstáculos, dificultades, retos, pérdidas y ganancias, altas y bajas, este viaje de vida vale la pena vivirlo, cada día y todo el recorrido. Cuando las cosas se pongan difíciles solo ponte tu cinturón de seguridad, deja que esos tiempos pasen, y sigue disfrutando todo el viaje que tú estas co-creando y eligiendo vivir. Quizas habrá algunos días en los que quizás tu sientas que has pagado un precio muy alto por aprender ésta ó aquella lección, pero al final del la experiencia tu encontrarás que todo ha sido necesario y que ha valido la pena haberlo vivido. No todas las experiencias serán difíciles, habrá muchos momentos maravillosos especialmente cuando nosotros nos permitamos disfrutar el viaje

"Elige Vivir Tú Pasión Hoy Y Todo El Tiempo Que Gustes."

LA DULCERÍA

"La Dulceria" es muy dulce. Si tú decides hacer las cosas que más amas hacer, como vivir tus experiencias favoritas, aquellas que tú has escrito en tu lista de favoritas, todas estas actividades, todas estas elecciones serán tus dulces que traerán dulzura y alegría a tu vida. Asi que asegúrate de permitirte vivir tu vida con todos estos dulces que tú tanto amas disfrutar.

Tú y solo tú puedes decidir que trae dulzura a tu vida, asi que entra a tu *"Dulceria"* todos los dias, no te esperes a mañana para disfrutar de tus dulces, hazlo hoy y todos los días disfrutando de su deliciosidad.

Ve a tu cuaderno y mira las listas de tus favoritos, tú siempre puedes agregarle más a cada una de tus listas, ponle palomita en aquellas que ya has vivido, tu puedes disfrutar de tus favoritas más de una sola vez, una y otra vez, tantas veces como tu lo quieras y lo desees. Por que cada elección que tú amas hacer es un dulce para tu alma y para todo tu Ser.

¡Permite Que Tu Alma Baile La Vida A Tu Manera!
"Elige Vivir Una Vida Dulce, Disfruta
De Tus Dulces Favoritos, Baila, Canta, Ama Y Vive Dulce."

YO ME AMO

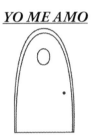

Entra a la Puerta de *"Yo Me Amo"* y dí lo siguiente *"Es tiempo de escuchar a la persona más importante en mi vida... ...Yo. No Se Permiten Interrupciones."*

Hay muchos días muy ocupados en nuestra vida. Nosotros elegimos vivir muchas actividades en un solo día, algunas veces nuestras semanas, meses y años están tan llenos de actividades que nosotros hemos elgido y que terminamos teniendo muy poco tiempo para estar con nosotros mismos. La Puerta de *"Yo Me Amo"* es una de mis Puertas favoritas por que yo se exactamente cuando necesito parar y cerrar todas las Puertas para dedicar tiempo a estar conmigo, ya sea para hablar conmigo, para descansar, o para hacer una actividad que sólo deseo hacer conmigo.

¿Cuántas veces en nuestra vida nosotros le decimos si a los demás? ¿Cuantas veces nosotros vivimos bajo horarios extremadamente ocupados? ¿Cuántas veces nosotros ponemos los deseos de los demás antes que los nuestros? ¿Cuántas veces dedicamos nuestro tiempo y nuestra vida para complacer a los demás?

¡Oh! ¡Para! ¡Para! ¡Para! Toma un descanso,
¡Para Todo lo que estés haciendo!

Tú puedes disfrutar tus elecciones, tú puedes hacer todo lo quieres y deseas. Tú puedes estar tan ocupado como tú lo elijas y disfrutar cada minuto de ello. Hay momentos que es tiempo de decir

"Es Mi Tiempo Privado, Momentos Para Mi, Complaciendome
A Mi Y Sólo Hacer Lo Que Sea Que Elijo Hacer."

Vuelve en un hábito el entrar a la Puerta de *"Yo Me Amo"* diariamente. Estarás muy agradecido contigo mismo y tú apreciarás el pasar tiempo contigo, serán momentos de calidad contigo.

Detrás de la Puerta *"Yo Me Amo"* algunas veces hacemos actividades tales como recibir un masaje, un lindo corte de cabello, un manicure o pedicure, meditamos, leemos un libro, vivimos nuestra pasión, hacemos ejercicio y la lista sigue… …pero hay momentos muy importantes donde necesitamos nutrirnos a nosotros mismos tan solo con pasar tiempo con nosotros mismos, pensando y sin nada que pensar, solo estar con nosotros, en contacto con nuestros sentidos. Re-cargando la pila con nosotros mismos mientras estamos detrás de la Puerta de *"Yo Me Amo"* y también mientras estamos detrás de *"Puertas de Alta Vibración"* de nuestra elección. Cárgate a ti mismo, diciendo no a las demandas del resto del mundo y *"Eligete a Ti Mismo."*

En mi experiencia entre más y más me elijo a mi mismo como mi más alta prioridad, mi relación conmigo mismo mejora y mejora y como resultado mejora con el resto del mundo. Yo dedico el tiempo para escucharme de la forma en que escucho a la gente que más amo. Yo escucho a mis más íntimos pensamientos e ideas para asi realmente saber que es lo que deseo hacer cada día de mi vida, cuales son las cosas favoritas que quiero hacer en cada día.

Yo he sido muy afortunado, hay muchas cosas que amo de la vida que ya las he hecho y ya las he vivido, hay muchas otras que amo hacer otra vez y hay otras nuevas que deseo vivir y que sueño con ellas todos los dias. Soy tan normal como lo eres tú. Todos tenemos muchos Sueños por vivir. Asi que he hecho un acuerdo conmigo mismo de vivir y disfrutar esta vida tan maravillosamente como me sea posible. Esta es la razón por la cual es tan importante para mi, ser muy honesto conmigo mismo y el tener estos momentos privados constantemente todos los días detrás de la Puerta de *"Yo Me Amo."*

Siempre hay tiempo para estar con los demás. De lo que me he dado cuenta es de que cuando me cargo de altas vibraciones, sintiéndome bien, dedicando tiempo de muy alta calidad conmigo mismo, es entonces cuando puedo dedicar tiempo de muy alta calidad con los demás compartiendo todos estos buenos sentimientos y estas altas vibraciones, por que me estoy relacionando conmigo de una manera muy poderosa, manteniendome detrás de *"Puertas de Alta Vibración"* tanto cuando estoy con otros asi como cuando estoy conmigo mismo. En esos momentos estoy vibrando de una manera tan poderosa que puedo invitar a otros a sentirse bien con ellos mismos, tal y como yo me estoy sintiendo conmigo. Como mi elección personal me mantengo alineado y en tono, amándome, y quedándome dentro de mi *"Círculo de Me Siento Muy Bien"* todo el día.

El día de hoy tuve que entrar de manera urgente a la Puerta de *"Yo Me Amo"* he estado pidiendo por tantas cosas que deseos manifestar. El día de hoy sentí que todas estas cosas que he venido pidiendo pronto llegarán a mi realidad, me empecé a sentir muy abrumado por todas las cosas que estaré viviendo en los días, semanas, meses y años venideros. Asi que me paré a mi mismo, me fui a mi habitación, cerre la puerta, apagué la luz, cerré las cortinas y me decidí a entrar a la Puerta de *"Yo Me Amo"* yo sólo deseaba estar conmigo mismo en este momento, totalmente presente en el aquí y ahora amándome y en paz. Comence a meditar, a escucharme, platique conmigo y finalmente descanse de todo, dormi un poco, cargue mi batería y me volvi a sentír muy bien.

Yo estoy muy agradecido por todo lo que estoy a punto de recibir de la vida, y también estoy muy agradecido por todas estas herramientas maravillosas para hacer altos y estar conmigo cargando la pila. Despues de Mi Momento del día para mi, pude estar muy presente y estar realmente muy consciente de que al hacer un alto estoy apreciando y sintiéndome muy agradecido por todo lo que esta por llegar a mi. Yo estoy muy feliz por la realidad que estoy creando y que esta por manifestarse. Estoy seguro que voy a disfrutar cada una de las experiencias que estoy creando. Estoy consciente de los pensamientos, de las palabras, de las acciones y de las vibraciones que estoy eligiendo hoy y cada día para manifestar mis próximos Grandes Sueños.

Al haber elegido hoy el quedarme detrás de la Puerra de *"Yo Me Amo"* por casi una hora, yo pude cambiar todos los sentimientos de baja vibración, de abrumado en sentimientos de agradecimineto y de poder interior, sabiendo que la vida y que todo lo que existe en el Universo me están ayudando en todo el camino y que también están ayudando a todos. Yo estoy de regreso a la vida sintiéndome muy bien, compartiendo más contigo, aquí y ahora muy presente y muy feliz amándome.

Entra a tú Puerta *"Yo Me Amo"* y carga tu bateria, carga a tu corazón con amor, escúchate a tí mismo, está contigo, se tu mejor amigo, has que sea un momento muy especial cada vez que decidas estar contigo, has tu propio ritual para sentirte a tí mismo y que puedas estar muy presente contigo mismo amándote. Tú te relacionarás mejor contigo mismo, con los demás y con la Vida.

Tú puedes escuchar tu música favorita, prender velas, oler incienso, o sólo tomar un baño calientito en la tina, con una copa de vino, teniendo flores y frutas para degustar y disfrutar de este momento contigo mismo, Tu decidirás cómo hacerlo especial cada vez que pases tiempo contigo mismo. Permite que fluya toda tu creatividad, imagina que tendrás un momento muy romántico con tu amante pero esta vez tú amante eres Tú.

INSPIRACIÓN

Yo amo hablar de nuestra lista de favoritos, de nuestros sueños, proyectos, metas y deseos, seguir y vivir nuestra pasión. Una vez que tenemos más clara la foto en grande, es tiempo de hacer lo que más amamos hacer y estar totalemente inspirados, es tiempo de estar detrás de la Puerta de la *"Inspiración"* permitiendo que lo mejor que hay dentro de nosotros fluya al exterior, permitiendo que nuestra inspiración y nuestra creatividad se expandan y le imprimamos nuestro propio estilo en aquello que elijamos y amemos hacer eligiendo que salga la mejor versión de nosotros mismos.

La Puerta de la *"Inspiración"* hace que nuestras acciones se sientan muy satisfactorias, hace que los artistas escriban sus mejores poemas, pinten sus mejores obras maestras, escriban la canción y la armonicen con la música perfecta.

La Puerta de la *"Inspiración"* despíerta nuestras mas preciadas habilidades, herramientas y dones para que nosotros podamos disfrutarlos y compartirlos con el resto del mundo.

La Puerta de la *"Inspiración"* nos conecta con nuestra alma, es la gasolina para que la máquina funcione perfectamente.

Entre más enfocados nos encontrémos haciendo lo que amamos hacer, más fácil nos será permitir que fluya de dentro hacia afuera toda nuestra inspiración, sintiéndonos tan inspirados en el momento en que estamos creando la experiencia que hemos elegido vivir. Yo entro a la Puerta de la *"Inspiración"* cada vez que estoy deleitándome al escribir y me siento totalmente inspirado, se siente como si mi alma estuviese bailando a través de mi mano con la pluma y el papel es la pista de baile. Yo estoy inspirado a compartir mis ideas más creativas con todo el mundo, para que todos hagamos lo mismo, todos permitiéndonos disfrutar de nuestra pasión, sintiéndonos muy inspirados con cada una de las elecciones que elegimos vivir.

Donde sea que estemos, lo que sea que decidamos y elijamos hacer, nosotros podemos sentir toda nuestra inspiración detrás de la Puerta de la *"Inspiración"* Nosotros haremos que cualquier momento sea especial y mágico para nosotros y para aquellos que están con nosotros ó para quienes estén disfrutando de nuestras creaciones divinas. Entra y permite que fluya a través de ti toda tu inspiración, esta totalmente presente, toma la acción que tu voz interior te está guiando a que hagas y disfrutala mientras la haces. Deja que te fluya tú inspiración cada vez que tu estés haciendo algo que amas hacer. Vibra Alto por Elección y Disfruta de Tus Creaciones.

Ahora es el momento para que manifiestes aquello que has venido visulizando en tu *"Escenario Magico"* deja que la vida sea tu lienzo de creación y permitele a tu *"Soñador Interior"* que salga del closet y que este totalmente *"Inspirado"* en el ahora dejando salir todo el potencial que reside en tu interior permitiéndolo salir y elige *"Vivir Tú Pasión."*

"Se Tú Y Sorprende Al Mundo Con Tus Mágicos Talentos, Herramientas y Dones."

En diferentes ocaciones de la vida, todo puede estar marchando excelentemente bien y es maravilloso cuando siguen sucediendo más y más bendiciones y buenas noticias. Hay momentos que se presentan de sorpresa, algunas sorpresas muy lindas y otras no es que sea una linda sorpresa, más bien nos sorprenden con situaciones negativas.

Vamos a entrar asi repentinamente a esta frecuencia, que así sucede en la vida, de repente aparece cuando menos lo tenemos planeado.

DOLOR

Nosotros repentinamente nos encontramos detrás de la Puerta de él *"Dolor"* sucede cuando menos lo esperamos, todo nuestro mundo parece romperse en pedazos. Todos nuestros sentimientos y nuestras emociones cambian y giran a nuestro alrededor como un torbellino que parece no tener fin, todo parece oscuro y doloroso y nuestro corazón duele cuando esto sucede.

Accidentes, Enfermedades, perder a alguien qué amamos, ó muchas situaciones difíciles y diferentes de la vida pueden empujarnos o jalarnos a estar detrás de la Puerta del *"Dolor."* Algunas veces nuestra primera reacción puede ser el sentir todo el dolor del mundo ó la negación del dolor. Pero tarde o temprano nosotros debemos permitirnos a nosotros mismos sentir nuestras experiencias dolorosas. Algunas personas eligen no hablar de su dolor. Otras personas dejaran salir sus sentimientos como una cascada de agua, tan rápido como el dolor llega, ellos lo sienten, lo lloran y hablan de ello una vez que el torbellino interior se ha podido calmar un poco y le permite a la persona expresar todo lo que está sucediendo en su interior.

Cuando nosotros nos encontramos detrás de la Puerta del *"Dolor"* hasta el aire parece difícil de inhalarse y exhalarse, nuestro corazón roto actua como un sordo, no hay palabras que sanen nuestra experiencia tan dolorosa, sintiéndonos muy victimizados. Cada uno de nosotros vivimos nuestros duelos con cada una de nuestras experiencias más dolorosas. El tiempo y el amor nos ayudan a atravesar éstas experiencias, sanar nuestro dolor tomará lugar cuando nosotros habremos de trabajar cada una de nuestras heridas y sicatrices y el amor propio es un elemento muy importante en ese proceso.

Muchos de mis maestros, doctores, sanadores y ayudantes, me dijerón –

> *"Habrá días en tu vida que te sentiras lo suficientemente*
> *fuerte para entrar a la Puerta del Dolor para sanar*
> *tu corazón, esto solo sucederá cuando tu estes listo,*
> *y cuando sea tu elección personal el hacerlo."*

Para que podamos sanar nuestro dolor tenemos que sentirlo, después con amor y terapia, mano a mano, el dolor nos guiará a las zonas que deben ser sanadas y nos enseñará a dejar ir la actitud de sufrimiento adictivo. Lo más común que sucede cuando entramos en la Puerta del *"Dolor"* es que entraremos a más Puertas dolorosas, como las siguientes:

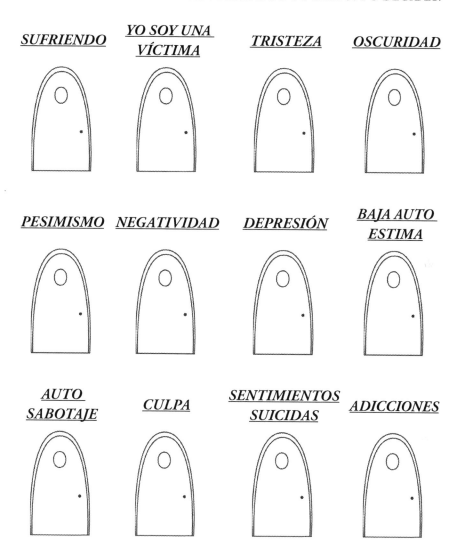

Aquí estoy mencionando algunas de las Puertas a las que entramos cuando estamos bajo diferentes situaciones de dolor, no necesariamente tiene que ser a todas, puede ser solo alguna o algunas y también puede ser posible que entremos a todas estas Puertas y a más de ellas, de la misma clase *"Puertas de Baja Vibración."* Hasta que toquemos fondo de la situación será hasta entonces que podamos salir exitosos trabajando en nuestra recuperación.

Algunas personas nos darán la mano cuando estamos detrás de las *"Puertas de Baja Vibración"* pero no por mucho tiempo. No mucha gente estará allí ofreciendo su ayuda con una buena actitud de te ayudo por siempre, a menos de que ellos vean que nosotros vamos haciendonos un bien a nosotros mismos y tomando los pasos correctos para recuperarnos.

Es importante estar alerta, cuando estamos detrás de las *"Puertas de Baja Vibración"* hay personas que se nos pueden acercar a nuestra vida con intenciones negativas, para jalarnos a más bajas frecuencias vibratorias, a una experiencia negativa más profunda hasta que nos encontramos a nosotros mismos en un total auto-abandono.

AUTO ABANDONO

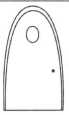

Detrás de la Puerta del *"Auto Abandono"* todo se vuelve más difícil. Por que realmente experimentamos el abandono, y queremos culpar a otros por nuestra situación, culpar a quien sea o a lo que sea por habernos dejado. Es un lugar de muy poco poder de creación, nuestra vibración es tan baja que las cosas que podemos crear allí sólo empeoran y empeoran, hasta que lo perdemos todo, hay algunos que terminan viviendo afuera en las calles. Otros corremos con la fortuna de la vida que nos da una nueva oportunidad para retomar el vuelo y renacer de las cenizas y asi poder volver a crear una nueva vida, una nueva realidad.

Algunos corremos con la suerte de recibir ayuda de todas partes, muchas manos de ayuda aparecen a lo largo del camino, que así podemos salir de estas *"Puertas de Baja Vibración"* y recuperarnos, recreando nuestra vida de regreso de las cenizas, como el ave fénix.

Nuestras familias y nuestras más amadas amistades aparecer para darnos la mano. Pero es muy importante que también cada uno de nosotros nos ayudemos a nosotros mismos. Haciendo nuestra parte, sanando nuestros dolores, nuestro sufirmiento, nuestra co-dependencia, nuestras adicciones. Es estar dispuestos a dejar ir todo aquello que nos jala hacia abajo y a hacer el trabajo que se requiere para sanar nuestro Cuerpo, nuestra Mente, nuestro Corazón, nuestra Alma y todo nuestro Ser.

Existen muchos caminos, técnicas y terapias que nos ayudan a sanar nuestro dolor. Se necesita de un paso que se tiene que dar, y esto es abrirnos para permitir que suceda la ayuda en nuestra vida, entonces el tiempo, el amor y la terapia harán una mágica transformación en nuestro interior y en nuestro exterior.

Si hemos elegido estar detrás de la Puerta del *"Auto Abandono"* seguramente hemos experimentado los sentimientos de que los demás tambien nos han abandonado. Porque cuando nosotros nos abandonamos primero, entonces otros se alejaran de nosotros y nuestra actitud de víctimas nos dira que alguien más nos abandono. Si nosotros nos quedamos durante un largo tiempo detrás de esta Puerta, esperemos que lleguemos al punto de estar cansados de estar allí, con la actitud de haber tenido suficiente de ser una víctima y por supuesto dejar de abandonarnos a nosotros mismos. Renaciendo dispuestos a hacer el trabajo que se requiere para volver a vivir.

Movernos de abandonarnos a nosotros mismos hacia a amarnos a nosotros mismos será un movimiento enorme de record en la vida de cualquiera que ha estado detrás de la Puerta de *"Auto Abandono"* ya sea que haya sido por un corto o largo periodo de tiempo.

NUEVAS OPORTUNIDADES

La Vida es muy buena y es muy sabia, aún bajo los momentos mas difíciles nos da una mano, nos da una "Nueva Oportunidad" para salir adelante, para elegir diferente, para retomar el camino, Siempre se nos presenta alguien conocido o desconocido que nos ayuda a ver lo que hemos creado, lo que hemos sembrado y cosechado. Y al mismo tiempo nos hace ver que aún tenemos tiempo para salir adelante, para hacernos responsables del daño que nos hemos hecho y del daño que le hemos causado a los demás. Abriendonos el camino y mostrándonos que si nos perdonamos, que si pedimos perdón también podemos compensar para reparar los daños que causamos y provocamos.

Es todo un proceso de sanación que muy bien vale la pena vivir para dejar atrás las experiencias que vivimos mientras estuvimos eligiendo crear nuestras experiencias de vida detrás de *"Puertas de Baja Vibración."*

La Vida nos da a todos **"Nuevas Oportunidades"** nos abre esta Puerta y nos permite tanto salir del hoyo como seguir creando y manifestando más de lo que si queremos vivir.

Hoy es un excelente día para hacer cambios, para retomar el vuelo, para que nos comprometamos con nostros mismos y vibremos alto, que elijamos estar detrás de **"Puertas de Alta Vibración."** Viviendo lo que si queremos vivir que nos provoque Bienestar y Salud Integral y mucha Felicidad y Alegria al mismo tiempo que Paz Interior.

Hoy podemos dar ese salto cuántico, ese cambio enorme que siempre quisimos ver en nuestra vida.

Lo hemos visto en tantos deportistas, en tantos genios, en tantos hombres y mujeres que se han cansado de sentirse derrotados y estar listos para sacar lo que es su mejor versión de si mismos, dispuestos a disciplinarse y hacer las cosas bien con buenos hábitos de excelencia que dan frutos de excelencia y de éxito.

Así hoy todos nosotros podemos lograrlo igual, costará un alto precio claro que ¡Si! Es mejor pagar el precio del Éxito, que el precio de nuestras derrotas y falta de valor.

¿Cómo lograremos el Éxito? si nos quedamos en la zona de confort incómoda, donde aprendemos a vivir subsistiendo.

¿Hasta Cuando Nos Cansaremos de Estar
Alli Derrotados y Conformistas?

Mejor tomemos el toro por los cuernos, el barco por el timón, la vida con responsabilidad y riesgos. Todo puede ser un riesgo, pero hay de riesgos a riesgos, los que si valen la pena jugársela el todo por el todo y entonces sacar el coraje y la valentía y la fuerza que sentimos en las venas y en el centro de la tierra y de nuestro ser, como el volcán que quiere explotar y dar nueva vida. Así vamos a elegir una nueva Vida, Una Nueva Oportunidad, un cambio maravilloso.

Elijamos regresar a vivir bien, a crear nuestra vida detrás de más *"Puertas de Alta Vibración."*

¿Listas? ¿Listos Ya?

Sanemos lo que tengamos que sanar, Perdonemos lo que tengamos que perdonar. Liberémonos de lo que nos tengamos de liberar. Soltemos aquello que ya no pertenece al presente y que nos impide avanzar. Mejor Elijamos Crecer y Madurar y sacar la casta y la mejor versión de nosotros. Y nos sólo nos conformemos con sacar nuestra Mejor Versión de Nosotros Mismos si no que vayamos más alla, Ayudemos a los demás a sacar también su Mejor Versión de Si Mismos.

"Brillemos, Saquemos Nuestra Luz y Ayudemos a
Encender Más Almas y Más Corazones."

"Qué Todos Saquémos Nuestra Luz y Nuestra
Mejor Versión De Nosotros Mismos,"

"¡YA!"

CAPÍTULO 13

PUERTAS DE ALTA VIBRACIÓN

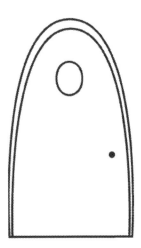

"Te Prometo Que Serás Muy Feliz, Muy Alegre Y Estarás Muy Satisfecho Creando Tu Vida De Cada Día Detrás De "Puertas de Alta Vibracón." Y Ayudarás A Que Con Tú Ejemplo Muchas Personas Más Elijan Ese Mismo Camino De Bienestar Que Tú Has Creado, Para Crearlo En Su Vida Y En La Vida De Los Suyos.

¡IMPACTA Y TRASCIENDE!"

Estar detrás de *"Puertas de Alta Vibración"* siempre es nuestra mejor opción. Nosotros nos sentimos bien y mejor, empoderados, y nosotros podemos darnos a nosotros y a los demás una mejor calidad de vida, podemos compartir nuestras buenas vibras y los buenos sentimientos que tenemos en nuestro interior, asi sea sólo compartir momentos grandiosos o si deseamos brindar nuestra ayuda a alguien que amamos, a alguien que conocemos ó a alquien más, es seguro que cuando nosotros nos sentimos bien la vida es mejor y siempre puede ponerse mejor.

Si alguien más desea ayudarnos, para empezar esta persona tiene que tener buenos sentimientos y será muy importante que esta persona se encuentra detrás de *"Puertas de Alta Vibración"* ésto hará que la experiencia sea mucho mejor para todos. Algunas veces ayuda mucho cuando la persona que está brindando su ayuda ya ha vivido una experiencia similar a aquella que la persona que esta recibiendo la ayuda que se encuentra viviéndola en su realidad presente. Es tener empatía, entendimiento, compasión y respeto hacia los demas. Recordando cuando nosotros estuvimos viviendo una situación difícil de una forma similar a la de quien estamos ayudando, en aquellos momentos nosotros también recibimos una mano de ayuda, asi es que ahora nos toca corresponder en cadena de favores hacia adelante la ayuda que ciertamente recibimos con tanto amor.

Haré un breve espacio en este capitulo para compartirles de el regalo de vida que cambio mi visión, que me salvo la vida, y que me ha ayudado a seguir en mi misión ayudando a otros desde el corazón con todo mi cariño y mi amor.

CADENA DE FAVORES

Les comparto un poco más sobre la cadena de favores, hace algunos años tuve la bellísima oportunidad de ser invitado a la cadena de favores, me recomendarón que primero viera la película "Cadena de Favores." Yo la había visto años atrás y me gusto mucho. Elegi verla una vez más y poner más atención en todos los detalles, mensajes y lecciones de esta bellísima película. Despues me preguntarón si la había visto. A lo cual respondi afirmativamente. Me dijeron que me querían ayudar y que si yo me comprometia a ayudar a otros en el futuro ellos me ayudarían en aquel momento de mi vida. Yo acepte jubilosmente. Me apoyaron de muchas formas, me ayudarón a ayudar a más personas con mis dones y talentos, me apoyarón para tomar unos cursos de Programación Neurolinguistica con Richard Bandler. Fue un curso muy intenso en el que movi todo mi interior, bueno me llevo a estar en el hospital 10 dias para sanarme de Neumonia. Mis amistades muchos entre todos me apoyaron para pagar la cuenta del hospital, también las personas que me invitaron a la cadena de favores me ayudarón a pagar gran parte de la cuenta del hospital. En el hospital me sucedierón milagros hermosos, pedi la ayuda del cielo, la verdad exigi un milagro que me sanara de todo, en la tercera noche que estuve en el hospital vi una sombra de alguien entrar a mi habitación. Traia como una capucha, pregunte quien eres, se dio la vuelta bajo su capucha y era el mismo rostro de Jesus. En ese momento supe que mi petición de exigir un milagro había sido contestada. Sali del hospital a los 11 dias de haber ingresado, Sali sano y caminando como artista. Al salir de el hospital mis amistades que me invitaron a la cadena de favores me preguntarón ¿Cómo estás? ¿Vas a venir a Hawaii? Yo me llene de emoción, y conteste no tengo nada ahorrado para ir. Me volvió a preguntar ¿Quieres ir a Hawaii? Y respondi si todavía se puede claro que si. Nos fuimos 13 dias a Hawaii a tomar un curso hermoso "Sanación del Chakra del Corazón nadando con los delfines" fue un regalo de la vida poder estar allí con varias amistades que amo y recibiendo todo este apoyo por parte de quienes me invitaron a la cadena de favores. Fue un viaje super especial, mis amistades rentarón una casa hermosa a la orilla del mar donde nos daban cada día los talleres del curso, un lugar divino, además rentarón otra casa hermosa en la cima de las montañas desde donde teníamos una vista espectacular. El refrigerador estaba saturado de comida deliciosa, compartimos unas comidas divinas y deliciosas en ambas casas. Nos paseamos por la isla de Kona Hawaii en dos amplas camionetas que habían rentado para que todos pudiésemos ir juntos a las diferentes actividades tan especiales que tenían preparados nuestros guias y maestros de este hermoso curso. Vivimos unos días mágicos, de sanación y de mucho crecimiento. Fue un regalo divino del cielo a travez de estas amistades para transformar nuestras vidas para bien. Uno de los días más especiales fue cuando fuimos en dos yates a mar abierto a toda velocidad disfrutando de toda la naturaleza y el mar, se nos acercó una mantarraya gigante, una ballena divina y cientos de delfines, bajamos de los yates a nadar entre los delfines y las olas gigantes y heladas del mar. Una experiencia sublime y super hermosa. Después de haber compartido tantos momentos especiales y mágicos, donde reimos tanto y nos dimos tanto amor los unos a los otros seguimos nuestro viaje hasta llegar al ultimo día el cual queríamos que nunca llegase. Todos estos regalos cambiarón mi perspectiva de la vida de una manera impresionante. Al haberme invitado a la cadena de favores me hicierón el mejor regalo de mi vida que es el poder ayudar a algunas personas que me han permitido entrar en sus mundos para contribuir con mis dones y habilidades para ayudarles a que hagan los cambios que generen una vida mejor llenita de bienestar y de armonía y orden que les ha hecho vivir diferente, y ellos en su momento se han comprometido a también ayudar a otros en cadena de favores. La vida me ha mostrado muchas veces que los milagros si existen y ocurren, y que todos podemos generar milagros en la vida de alguien más y que si no tienen con que pagarnos en ese momento no importa, aún asi podemos abrir nuestro corazón y nuestra alma para ayudar y contribuir en su vida de una manera favorable hasta que algún dia ellos también logren mejorar su vida y salir de situaciones difíciles que ellos mismos se han generado, y al salir avantes podrán también pagarle a la vida ayudando a otros en cadena de favores, es un privilegio ser parte de esta hermosa cadena de favores. Siempre estaré agradecido por haber sido invitado y ayudado de una manera tan impresionante con tantos cursos y apoyo tan grande para ayudarme a transformar mi vida y asi hoy poder contribuir con todo el mundo. Aprendi algo muy hermoso, que siempre podemos ayudar a alguien siempre, aún en nuestros momentos mas difíciles podemos esuchar a otros y en nuestros mejores momentos aparecerán las personas indicadas a las cuales podremos dar una mano y ayudarles, contribuir en beneficiar su vida y asi con el tiempo, en su proceso y a su propio ritmo salgan de los momentos difíciles y puedan generar mas momentos increíbles en su vida.

Por respeto a mis amistades guardo el nombre de quienes me invitaron a la cadena de favores, fue parte del acuerdo, más he querido compartir con ustedes estas experiencias que me trasnformarón para bien de una manera mágica y maravillosa. He recibido demasiado toda mi vida y la vida me sigue dando más y más, y me abre las puertas y los caminos para poder seguir ayudando más y más. Este regalo de poder dar y recibir es bellísimo.

Ayudar a todos los que están dispuestos a crear un cambio, un avance, una nueva vida, puedan pagar en el momento ó no, saben que cuentan conmigo. Podrán sentir este bellísimo regalo que es el ser ayudado para salir del fango y poder renovar sus vidas para en un presente del futuro agradecidamente seguir ayudando a los demás con el mismo amor con el que algún día recibimos tanta y tanta ayuda.

En Hawaii tuvimos la hermosa oportunidad de aprender varias técnicas de sanación holística, las cuales hasta la fecha en cada una de mis sesiones de coaching utilizo para ayudar a que cada persona armoince sus chakras y todo su Ser en amor incondicional.

Entre mejor nos sintamos, mas fuertes estemos, más saludables físicamente, mentalmente, espiritualmente, socialmente y económicamente nosotros estamos más dispuestos a dar nuestra mano a los demás. Nos ayudamos mejor a nosotros mismos, nosotros nos enfocamos en las cosas que realmente nos gustan, en las experiencias que queremos vivir y todo cambia de una manera fantástica y maravillosa, nosotros queremos permanecer sintiéndonos bien y haciendo las cosas mejor para nosotros y para otros. Tomando elecciones por orden prioritario de importancia.

Cuando nosotros somos los que necesitan recibir la ayuda y estamos más abiertos y receptivos, la ayuda aparece de tanta gente, de tantas fuentes y de tantas formas. Es un proceso muy personal el que se lleva a cabo para cambiar de *"Puertas de Baja Vibración"* a *"Puertas de Alta Vibración."* Si nosotros tenemos que tocar fondo porque ya hemos tenido suficiente de malas experiencias y estamos listos para dejar ir, listos para movernos hacia adelante aceptando la amorosa ayuda que otros están dispuestos a darnos, es cuando el proceso de recuperación personal realmente empieza. A nuestro propio ritmo nos moveremos hacia arriba en la escalera de *"Bienestar."* Nosotros empezamos a sentirnos mejor, más sanos, más felices, más agradecidos, más fuertes en mejor condición para vivir una vida con mayor sentido y una vida más poderosa detrás de *"Puertas de Alta Vibración."*

Todas las Puertas emocionales toman un lugar muy importante en nuestra relación interna y en nuestra relación con los demás. El reto verdadero que yo encuentro es mantenernos todo el día detrás de *"Puertas de Alta Vibración."* Nosotros podemos cambiar todo el día de una Puerta de actividades a otra Puerta de actividades, y asi cada semana, todo el mes, y aun asi todo el año completo y por supuesto asi durante toda nuestra vida y ésto está bien y es perfecto.

Emocionalmente es distinto porque nosotros no queremos movernos todo el día, de arriba a abajo, de negativo a positivo, a negativo y a positivo todo el tiempo, es demasiado estrés y demasiada energía negativa involucrada, el mantenernos en equilibrio internamente es lo que nosotros vamos a desarrollar si nosotros elegimos vibrar positivamente, sintiéndonos bien y mejor y mejor y tomando el lado positivo de cada experiencia que nosotros estamos creando.

Hay muchas *"Puertas de Alta Vibración"* a elegir, por ejemplo nosotros podemos elegir estar detrás de la siguente Puerta:

PAZ

En mi experiencia personal yo he elegido permanecer detrás de la Puerta de la *"Paz"* tanto tiempo como me sea posible. Se siente tan bien experimentar tener paz interior todo el día, toda la semana y todo el año por elección, yo realmente se lo recomiendo a todos, yo soy muy cuidadoso en las elecciones que hago, cuales experiencias acepto y cuales rechazo, el sentirme en paz es una de mis prioridades en mi vida. Nosotros podemos estar detrás de la Puerta de la *"Paz"* sintiéndonos tan maravillosamente ya sea estando relajados ó muy activos pero en paz.

Mucha gente en el Planeta queremos un Mundo pacifico, y esta paz comienza en cada uno de nosotros al elegir estar detrás de la Puerta de la *"Paz"* todo el tiempo sintiéndonos en paz y creando experiencias pacíficas y amorosas. Mi amiga Debbi Broklin dueña de un restaurante hermoso en Puerto Vallarta solia presentarme con sus amistades y decir – *"Hay algo en Arturo que al estar con él te hara sentir en paz."* Yo creo que cuando estamos vibrando paz la vida es mucho mejor, porque nosotros nos sentimos bien bajo cualquier situación exterior. Yo Amo sentir esta paz interior todo el día y soy muy cuidadoso para mantenerme vibrando con buenos sentimientos en mi interior.

Todos sabemos lo mal que se siente estar vibrando detrás de *"Puertas de Baja Vibración"* y la pérdida de poder que se siente, y cuando nos encotramos allí queremos culpar a los demás por nuestras propias creaciones, por nuestras experiencias. Parece una elección muy estúpida el cambiar nuestros buenos positivos sentimientos por malos negativos sentimientos. Cuando todos sabemos que vamos a obtener resultados negativos en lugar de resultados positivos. Realmente es mucho mejor dar lo mejor de nosotros mismos para manetenernos enfocados vibrando alto, sintiéndonos bien y manifestando mejores experiencias maravillosas,

No conozco a nadie que haya obtenido una buena cosecha de una mala siembra, si reconozco que a todo le podemos sacar el lado bueno, las lecciones y algo favorable hasta a lo más trágico, más eso no significa que nos esta motivando a que conscienemente hagamos una siembra mala. Más bien es conscientizarnos en hacer buenas siembras constantemente que nos darán excelentes cosechas.

Yo podría pasarme horas escribiendo acerca de *"Puertas de Baja Vibración"* y acerca de *"Puertas de Alta Vibración"* y hablando de la foto en grande que sucede cada día en nuestro Planeta. Como nosotros estamos creando nuestras experiencias diarias con estas vibraciones. Si nosotros queremos una mejor forma y estilo de vida, una de las claves está en mantenernos equilibrados emocionalmente hablando y sintiéndonos bien, creando nuestras experiencias y nuestra realidad detrás de *"Puertas Emocionales de Alta Vibración"* todos nosotros sabemos que el resultado es mucho mejor para nosotros y para todos los que están con nosotros y a nuestro alrededor.

LIBERTAD

No te tomes de manera personal las elecciones que los demás hacen. Recuerda que tú, yo y todos, todos somos libres para elegir estar detrás de la Puerta que queramos. Cuando nos encontramos detrás de la Puerta de la *"Libertad"* hacemos las mejores elecciones, somos auténticos y únicos, nos sentimos tan libres para elegir lo que realmente queremos crear y que es lo que queremos vivir y experimentar, ponemos toda nuestra energía, estamos felices viviendo y disfrutando lo que estamos haciendo, sentimos nuestras alas muy abiertas y enormes, estamos volando nuestros propio vuelo a nuestra manera. Experimentamos el sentimiento de libertad para ser quienes deseamos ser, sin importar si otros están de acuerdo. Cada uno venimos a ser nosotros mismos, no alquien más sino nosotros mismos y solamente nosotros mismos.

Con esta libertad que tenemos y que nos permitimos experimentar, hacemos nuestras elecciones, dependiendo de estas elecciones, dependerá la clase de personas que atraeremos a nuestra vida, las experiencias que viviremos y las Puertas en las que elegiremos estar detrás.

Una de mis cosas favoritas acerca de estar detrás de la Puerta de la *"Libertad"* es que tengo la libertad de cambiar mis elecciones en cualquier momento, yo puedo elegir atraer una experiencia y cuando esta experiencia llega, si yo deseo algo diferente siempre puedo elegir diferente en base a lo que estoy deseando en ese nuevo momento presente, y tu y todos tenemos esta libertad para cambiar nuestra mente en cualquier momento solo con ser totalmente honestos con nosotros mismos y con quien elijamos ser honestos en esos ciertos momentos. No estamos casados con nuestras elecciones, nosotros podemos decir *"Si"* ó *"No"* en cualquier momento.

En general nuestra elección será el decir *"Si"* más veces y más seguido a aquello que nos hace sentir bien y que nos trae felicidad y satisfación. Somos tan libres para elegir hacer lo que amamos de la vida y lo podemos elegir todos los días de nuestras vidas.

Cuando la mayoría de nuestros días estamos detrás de la Puerta de la *"Libertad"* estamos haciendo libres elecciones constantemente, nosotros elegimos todo y todo es una elección. Somos libres para elegir nuestras creencias, nuestros pernsamientos que queremos pensar ya sean positivos o negativos, las palabras que queremos utilizar para expresar nuestros pensamientos y nuestros sentimientos y por supuesto nosotros tenemos la libertad de elegir nuestras acciones.

Ya todos hemos elegido a nuestra familia y elegimos a cada uno de nuestros amigos. Elegimos que queremos estudiar y donde trabajar. Tenemos toda la libertad para viajar casi a cualquier lugar que queramos y elijamos. Cada uno elegimos nuestras metas y nuestros más preciados Sueños. Tambien somos libres para elegir que comer, que beber en cada alimento. Elegimos nuestra ropa, cuales cosas comprar y cuales usar cada día y en cada actividad y evento al que elegimos ir.

Todos tenemos la libertad para hacer o para no hacer y si lo queremos podemos elegir brincar de un avión, y ya sea disfrutarlo ó sufrirlo, obviamente utilizando un paracaídas y si es nuestra primera vez con un entrenador. Somos libres para cantar, bailar, amar, y vivir nuestra vida como si nadie nos estuviese observando.

Somos tan libres, aun hasta el nivel de pensar que no somos libres. Para elegir un trabajo qué nos esclaviza o un estilo de vida de esclavitud. Somos libres para cambiar en cualquier momento que lo queramos. La Puerta de la *"Libertad"* es otra de mis Puertas favoritas, yo amo ser libre para ser yo mismo y libre para elegir lo que sea que yo quiera, sabiendo que todos tenemos la misma oportunidad para elegir ser nosotros mismos, esto es fantásticamente bellísimo.

Las elecciones que hagamos, nos llevarán a dónde queremos ir y cada dia podemos vivir los sueños que algún dia esperamos que sucedan. Nosotros somos libres para imaginar nuestra vida y vivirla exactamente como nosotros lo queremos.

Ahora, vamos a llevar a un nivel muy poderoso a *"Las Puertas De Tu Éxito"* ¿Listos? ¡Ok! Con toda la libertad que tienes imagina una Puerta frente a Ti:

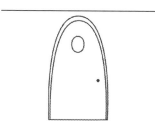

¡Bien hecho! Ahora, en la parte superior de la Puerta tú puedes escribir cualquier palabra, emoción, sentimiento, vibración ó actividad que tú gustes. Puede ser una *"Puerta de Baja Vibración"* ó bien puede ser mejor una *"Puerta de Alta Vibración."* Todo está en ti para elegir con toda tu libertad ¿A dónde deseas entrar? ¿A cuál Puerta vibratotia elijes estar detrás? Detrás de ésta Puerta que tú estás eligiendo ahora, tú aprenderás, vivirás y experimentarás todo acerca de su vibración. Da un paso adentrándote y *"Disfruta el Viaje"* a la elección que tu mismo has elegido.

Ahora es tu turno de vivir tu propia experiencia, tú puedes nombrar a tus Puertas como tú quieras, cada una tendrá su propia vibración. Tú puedes hacer esto cuantas veces lo quieras. Tú puedes elegir Puertas emocionales, Puertas de actividades, cualquier Puerta que tu quieras elegir explorar. Tú puedes elegir cualquier cosa que tú deseas y quieras.

Bienvenido a *"Las Puertas De Tu Éxito."* Ahora, tú has sido guiado para hacerlo por ti mismo, y a aprender más de ti mismo acerca de otros y acerca de la vida misma. *"Bienvenido a Ti"*, *"Bienvenido a Tu Vida."* Imagina Puertas con los títulos que tú quieras y ve detrás de cada una de esas Puertas cuando tú gustes y elijas.

Has otra pausa y ven adéntrate en esta Puerta que quiero compartirte ahora;

A MI MANERA

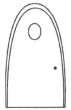

No hay nada en la vida, como lo es estar detrás de la Puerta de *"A Mi Manera."* Viviendo nuestra vida a nuestra manera, haciendo la cosas como queremos a nuestra manera, viviendo nuestra vida tal y como lo queremos, en la manera que lo elegimos, esto es increíble y muy poderoso. Esto realmente activa buenos sentimientos, buenas emociones, buenos pensamientos. Nosotros pensamos mejor, nosotros actuamos mejor, nosotros aun nos expresamos de una mejor manera. Siendo Auténticos, Naturales y Atrevidos.

Nosotros hacemos todo tan diferente, desde lavar los trastes a nuestra manera, el obtener un corte de cabello exactamente como lo deseamos y nos place a nosotros mismos y vestirnos como queremos y elegimos, hasta las más variadas elecciones que deseamos hacer. Es como cuando nosotros escuchamos a nuestro cantante favorito interpretando y cantando desde el fondo de su corazón y con todos sus sentimiento y emociones la canción *"A Mi Manera."*

¿Quién en todo el mundo no disfruta de hacer las cosas a su manera? Nadie, Todos amamos vivir nuestra vida a nuestra manera. Nosotros podemos aprender de las personas exitosas que su vida es exitosa porque ellos disfrutan ser ellos mismos y vivir su vida a su manera, haciendo todo lo que aman hacer. Especialmente de aquellas personas quienes dejan su huella única y auténtica en las elecciones que hacen. Lo vemos en mujeres y en hombres en los Músicos, Actores, Cantantes, Escritores, en todas las arenas. Como lo hacen los Artistas en sus pinturas y esculturas ó en los arquitectos creando y construyendo casas y edificios sobresalientes. Y en aquellos que diseñan los carros magníficos, tantos diseños hermosos. Nosotros podemos ver por todas partes, en muchas cosas como la gente ha dejado su huella mostrándonos que ellos lo hicieron a su manera. En cada una de las áreas de la vida, nosotros podemos encontrar gente maravillosa que han salido de la caja y han vivido su vida a su manera, y esto es realmente invitante.

Cuando nosotros vamos a un museo, nosotros observamos la belleza propia de la creación del edificio, sumando la aventura que es el caminar pasillo por pasillo disfrutando de todo el arte de tantos Artistas tan maravillosos, quienes se tomaron el riesgo de plasmar su estilo único en sus creaciones artísticas. Cuando profundizamos en leer acerca de sus biografías, nosotros encontramos la cantidad de talentos que poseen ó que poseían y el divino empuje que tuvieron para hacer las cosas a su manera *"Todos Tenemos Esta Hermosa Oportunidad de Vivir Nuestra Vida a Nuestra Manera."*

La primera acción que necesitamos hacer es entrar por la Puerta *"A Mi Manera"* después creer en nosotros mismos, creer que es posible hacer las cosas a nuestra manera, sin importar cuantas veces nuestra vida parezca extraña y diferente ante los ojos de los demás y de las expectativas que tienen de nosotros. *"Diferente es Maravilloso."*

Recuerda es hermoso compartir nuestra vida con los demás, creando momentos maravillosos. Pero nunca vivir nuestra vida para complacer a los demás en lugar de complacernos a nosotros mismos. Tratar de complacer a los demás eso estaría muy mal y lleno de insatisfacción. Si gustas intentarlo, trata, verás que por más que hagas, nunca logras complacerlos del todo y siempre quedarán insatisfechos y tu también.

Es mucho mejor vivir nuestra vida a nuestra manera, encontrando tiempo para estar con nosotros mismos, aprendiendo que es lo que más amamos hacer y en la forma en que amamos vivir nuestra vida y entonces, ¡Hacerlo! ¡Solo Hacerlo! Siendo nosotros mismos enfocados en hacer todo a nuestra manera única y auténtica.

¿Tú, preferirías desperdiciar tu vida complaciendo a los demás? Viviendo tu vida como ellos desean que la vivas y descubrir que aun cuando tu lo intentes y des tu mejor esfuerzo para complacerlos, nunca cubres sus espectativas. ¡Oh No! ¡Por Favor! No malgastes tú tiempo, ni malgastes tú oportunidad de vida que tienes para crear tus experiencias a tu manera, créalas en la forma que a ti te hace sentir muy bien.

Camina, aléjate de aquellos que tratan de controlarte, y que te dicen una y otra vez como hacer las cosas a su manera y que vivas tu vida a su manera y que tú sacrifiques tu felicidad. ¡No! ¡No! ¡No! Eso estaría muy mal y tú te arrepentirias. Si vives con tus papas, con familiares o con amigos seguro habrá reglas que ayuden a todos a convivir mejor, eso no esta en juego ni en discusión, las reglas estarán para todos. La forma y la manera de vivir de cada uno es única y es importante que cada uno velemos por vivir a nuestra manera.

Sigue viviendo tú vida a tú manera, escucha a aquellos que apoyan tus Sueños, que apoyan quien tu eres, que quieren lo mejor para ti y lo mejor de tí a tú manera. Siempre hay aguien allá afuera que ve lo especial que tú eres y que pueden decirte que tú vas a crear una vida maravillosa haciendo lo que más amas hacer.

Entonces, muchos apreciaran lo que has hecho, pero especialmente alguien será la persona más feliz en la tierra y esa persona eres ¡Tú¡ ¡Siendo Tú Mismo! ¡Viviendo Tú Vida a Tú Manera!

Nota Importante;

En cualquier momento podemos obtener sugerencias, opiniones e ideas geniales de muchas personas que ya han logrado tener éxito en diferentes áreas de la vida y que estas ideas, opiniones y sugerencias sumen a nuestras ideas si así lo elegimos. Seguiremos actuando a nuestra manera estando abiertos a poner en acción las ideas de otros genios que han triunfado y ya veremos si sus técnicas y métodos son mejores que los nuestros para lo que nosotros queremos vivir y crear. Tambien puede ser que sumando la información nuestra y de otros nos lleve a un mejor resultado.

Cada uno elegiremos como ser Nuestra Mejor Versión.

Finalmente cuantas veces terminamos siempre haciendo lo que queremos, acertando o errando. Claro que podemos elegir ver el lado positivo a nuestro resultado sea bueno o sea malo. Ó no encontrarle nada bueno y seguir generando mejores ideas y soluciones.

"Eso Si A Nuestra Manera."

Quiero cerrar este capitulo con este tema que nos podría enloquecer a cualquiera:

HUBIÉRA(S)   *DEBERÍA(S)*   *PODRÍA(S)*

Entrar a la Puerta de el ***"Hubiera(s)"*** es una tontería muy grande, ya que no podemos cambiar el pasado con nada, ya pasó y ya sea que hayamos acertado ó errado, el pasado ya se fué, si logramos cambiar algo siempre es en un nuevo momento en tiempo presente. Además es un insulto decirle a alguien hubieras hecho esto ó lo otro después de que ya sucedió. Porque no sacarón su bolita mágica y nos dijeron antes de que sucediera lo que iba a pasar y como hacerlo diferente antes de errar. Definitivamente la solución es no entrar jamas a esta puerta de él ***"Hubiera(s)"*** mucho menos quedarnos detrás de ella y nunca utilizarla después de que algo ya sucedió.

Claro que la Puerta del *"Hubiera(s)"* tiene una Puerta prima hermana que es la Puerta de el *"Debería(s)"* que también al entrar en ella nos habla de un mundo que no existe, que podemos ver que todo podría ser diferente y super perfecto a la manera de unos o de otros, claro según el mundo de quien esta eligiendo utilizar entrar a la Puerta de el *"Debería(s)"* dando su opinión desde su punto de vista y desde sus creencias, como volviéndolo todo a su ley para todos los involucrados. Es importante que nos demos cuenta que al usar esta Puerta del *"Debería(s)"* sólo estamos mostrando nuestro lado controlador y le estamos diciendo a los demás que sólo nosotros tenemos la razón y nadie más. Sugerencia No entrar a estas Puertas de el *"Hubiera(s)"* ni a la de el *"Debería(s)"* que no nos llevan a ningún lado a parte de perder tiempo y sáliva.

Afortunadamente existe una Puerta que viene siendo como la cenicienta, la Puerta de el *"Podría(s)"* a lado de sus hermanastras *"Hubiera(s)"* y *"Debería(s)"* y nos da una salida positiva ante todo este juego de palabras y de Puertas.

Entrar a la Puerta de *"Podría(s)"* y quedarnos detrás de ella nos abre todo el campo de posibilidades de acciones a favor de nuestro mayor bien y el mayor bien de todos.

Has todo lo posible por utilizar en tu lenguaje el *"Podría"* en lugar de él *"Debería"* y de él *"Hubiera"*, verás que esta manera de utilizar tus palabras te lleva a una zona de poder de *"Puertas de Alta Vibración."*

Al decir Yo *"Hubiera"* es juzgarme y criticarme de que ya hice algo mal.

Al decir Yo *"Debería"* es poner la presión de hacer las cosas a fuerza y muchas veces es a la manera de alguien más, de manera controlada.

Al decir Yo *"Podría"* si quisiera hacer esto ó hacer lo otro, me lleva a un lugar de acción con toda la libertad de hacerlo por que me nace y además hacerlo a mi manera.

"Mi deseo es que les ayude de manera favorable este giro de energías y de vibraciones que ocurre al entrar a estas Puertas."

CAPÍTULO 14

EL MERCADO DE LAS SOLUCIONES

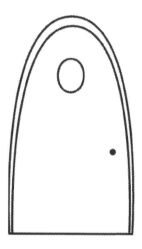

"Prevenir Fallas, Fugas Y Errores Es Lo Ideal. Cuando No Lo Logramos Es Momento De Accionar Favorablemnete Para Encontrar La Solución Ó Las Soluciones Ideales. Hoy Podrías Elegir Hacer Una Lluvia De Ideas Y De Soluciones, De Manera Personal Ó En Grupo."

¡Bienvenido! A la Puerta de *"El Mercado De Las Soluciones."* Es un placer para nosotros asistirte en todas las formas. Por favor siéntate y ponte muy cómodo. Yo se que vienes aquí por soluciones, tú has venido al lugar perfecto para encontrarlas. ¿Que te gustaría beber? ¿Gustas un poco de helado? ¿Quizas una taza de té o café? Ó ¿Deseas una rebanada de tu pastel favorito?

Imagina y visualiza la Puerta de *"El Mercado de las Soluciones"* cuando estés detrás de ella, imagina un Mercado enorme muy hermoso, te veras sentado en un sillón movible muy cómodo, y allí habrá meseros ayudándote en el camino, satisfaciendo tus deseos de comida y bebida. El sillón movible que tinene ruedas automáticamente te llevará alrededor del mercado, te llevará por los alrededores mostrándote muchas ideas, diferentes puntos de vista, diferentes soluciones para la situación que tu necesitas encontrar una solución favorable, positiva y con ganancias para todos los involucrados en esta situación. Todas las soluciones llegarán a tu mente, a través de vibraciones, a través de mensajes, de pensamientos, de palabras, ideas, imágenes, fotografías, libros, videos, música, peliculas, etc... ...Tú puedes tener la experiencia de tener una increíble lluvia de ideas brillantes que te ayudarán a tener las mejores soluciones. Nuestra experiencia de resultados positivos con cada uno de nuestros clientes garantiza un 99% de efectividad. El sillón te llevará por los alrededores hasta que tu mente reciba la solución perfecta.

Si tu quieres hacer esta experiencia aún mejor, antes de que decidas entrar a la Puerta de *"El Mercado de las Soluciones"* donde sea que te encuentres prepárate una deliciosa taza de café ó de té, un vaso con agua fresca, un jugo, un refresco ó una copa de vino, lo que sea que haga que tu experiencia sea mejor, tu puedes ir a comprar un litro de tu helado favorito, ó de nieve y una rebanda de pastel, bien, sólo has lo que tu pienses que te ayudará a estar mejor enfocado y muy presente en el momento mientras tú estás detrás de la Puerta de *"El Mercado de las Solucionest"* Después relájate, respira y permitete sentir y vibrar con la mejor actitud que tu puedas vibrar, claro detrás de Puertas emocionales que sean *"Puertas de Alta Vibración."*

Igual que cualquier otra Puerta, la Puerta de *"El Mercado de las Soluciones"* también te entrenará en su vibración, asi que te ayudará a que se relaje todo tu cuerpo y entrenará a tu mente a pensar positivamente y que permitas que te fluyan todas las ideas más brillantes de Todo el Universo, y también empoderara a tu espíritu para que siga guiando a tu cuerpo y a tu mente a tomar las mejores elecciones y las mejores decisiones que te ayuden a crear tus mejores experiencias de vida y que las vivas a Tu Manera.

Permitete a ti mismo ser una persona que previene situaciones difíciles, recuerda hacer planes diferentes *"A", "B"* y *"C."* Ve la foto en grande antes de tiempo antes de tomar tu siguiente elección y antes de tomar tu siguiente decisión. Tambien observa ¿Cuál podría ser *"El Peor Resultado"* y cual *"El Mejor Resultado"* qué podrías obtener? Después entra en *"El Mercado de las Soluciones"* para prevenir soluciones que podrían utilizarse en el presente y en el futuro cercano.

Tú puedes entrar a la Puerta de *"El Mercado de las Soluciones"* tan seguido como tú gustes ó necesites y disfruta de la hermosa conección que todo el Universo tiene contigo, apoyándote y trayéndote las mejores ideas.

MEDITACIÓN

He tenido diferentes Maestros maravillosos que me han compartido de su sabiduría espiritual sobre Meditación y Yoga. Yo he disfrutado muchos días y muchas horas de mi vida muy feliz detrás de la Puerta de la *"Meditación"* Yo realmente les recomiendo que no sólo estudien como meditar, más bien adentrarse profundamente en ella, practicando meditación todos los días de su vida.

Muchos de nosotros queremos cambiar todo, a todos, la vibración del Planeta, las actitudes de nuestras familias y de nuestras amistades, nosotros queremos cambiar a otros aún más allá de nuestros rangos de contactos. Todo esto es sencillo de lograr, *"¿Como? ¡Tal vez lo digas o lo pienses!"* dedica tiempo a estar detrás de la Puerta de la *"Meditación."* La primera persona a la que ayudarás a cambiar es a Tí Mismo. Te verás a Tí Mismo diferente y después debido a que tu vibración interior esta diferente, tú verás a los demás actuando diferente y vivirás en un Mundo diferente, porque tu vibración será alta, exactamente igual a la vibración de todas las *"Puertas Emocionales de Alta Vibración."*

Yo no te estoy diciendo que te quedes detrás de la Puerta de la *"Meditación"* meditando las 24 horas de tu día, puedes empezar con 15 ó 20 minutos cada día, te sentirás mejor. Después hazlo 30 ó 45 minutos cada día, te sentirás mucho mejor. Después puedes hacerlo durante 15 a 60 minutos cada día. Quizás algún dia te veas bendecido por la Puerta de la *"Meditación"* porque habrás alcanzado el nivel de encontrarte a ti mismo sintiéndote maravilloso y viviendo la experiencia de que en todas tus actividades de encuentras meditando. Disfrutando cada una de tus creaciones, cada una de tus experiencias, cada una de tus relaciones. Disfrutando cada vez que tu inhalas y cada vez que tu exhalas.

Ten el deseo y elije entrar a la Puerta de la *"Meditación"* esta te entrenará cada vez de una manera diferente, te ayudará a atraer a los Maestros, los libros, los lugares donde reunirte cuando tu estes listo para meditar con un grupo de personas, con un grupo de amigos. Hay muchos lugares a donde tú puedes ir a aprender y a practicar *"Meditación."*

Tú también puedes meditar en la comodidad de tu casa, por tu cuenta ó con amistades. Tú puedes buscar en internet por meditaciones guiadas, buscar diferentes videos con música especial para meditar. Tú puedes crear tus propias meditaciones dirigidas o crearlas junto con tus amistades que tengan más experiencia.

Tú puedes comenzar estando acostado en tu cama, enfocándote en tu respiración, sintiendo como el aire entra y sintiendo como el aire sale, mientras tu haces lo mejor que puedas para acallar tu mente. Sin pelear con los pensamientos que puedas tener, permitiéndolo fluir hasta que tu logres acallar y calmar tu mente.

Tú puedes comprar o descargar de internet diferentes meditaciones para armonizar todo tu Ser, tú puedes encontrar música específica para alinear y activar cada uno de tus Centros de Energia mejor conocidos como tus

Chakras. Tú también puedes encontrar música mezclada con sonidos de delfines y de ballenas que también te ayudan a relajarte, sanarte y a meditar con Amor.

"Muchas Gracias Por Elevar Tú Vibración Personal y La Vibración Del Planeta de Manera Colectiva Cada Vez Que Meditas."

En mi experiencia personal he meditado en grupos y por mi cuenta. En diferentes escuelas y Centros Espirituales, en parques y en la playa junto al mar, dentro del mar mientras flotaba boca arriba, conectándome con los cinco elementos: el agua con las olas del mar, la tierra con la arena de la playa, el fuego con los rayos del sol, el aire de la brisa y el Amor de todo el Universo. Cargándome a mi mismo con una energía bellísima, inhalando y exhalando. Amándome, Amando La Vida, Amando El Planeta, Amando Todo El Universo, Amando El Momento Presente, Amando Todo y Amando A Todos Como El Uno Que Todos Somos.

Yo también me he reunido con amistades a meditar cada semana, meditando de 30 a 45 minutos, y uno de nosotros dirigia la *"Meditación"* con nuestra creatividad única y auténtica. Nosotros tuvimos las meditaciones más maravillosas y más fantásticas de mi vida, un despertar interior muy poderoso. Después de nuestros 30 a 45 minutos de *"Meditación"* nosotros permitíamos que pasaran un par de minutos para regresar a estar conscientes y cada uno compartiría su experiencia, hacíamos esto para que todos pudiéramos compartir nuestra experiencia personal y para que todos creciéramos internamente con la experiencia compartida por todos los amigos que nos habíamos reunido. Cuando todos ya habíamos terminado de compartir, compartíamos de una deliciosa cena expandiendo nuestro amor de amistad entre unos y otros como una hermosa familia de amigos.

¡Maravillosos! ¡Hermosos! ¡Fantasticos! ¡Y Extraordinarios Momentos! ¡Muy, Muy Agradecido Por Todos Esos Amigos Y Por Todos Aquellos Días!

Yo he sido muy bendecido por practicar *"Meditación"* mientras practicaba *"Yoga Kundhalini y Hatha Yoga"* con la guía de Maestros Maravillosos en: *Hong Kong, Guadalajara, Puerto Vallarta y en Ciudad de México."*

Date la oportunidad de agregarle "Amor" a todo lo que elijas hacer, antes de tomar una foto llénate de amor y ponle todo tu amor y pídele al amor que te ayude a que la foto salga especial y verás maravillas, así antes de cualquier actividad llénate de amor y carga tu momento de amor, haz la prueba, te sorprenderás agradablemente como todo cambia en ti y con quien compartas tus momentos.

Quizás estamos más acostumbrados a que se active el amor o que no se active, así como primero saludo a alguien y después me tomo el tiempo para analizar y pensar ¿Qué sentí? ¿Sentí algo?

¿Hubo Química entre nosotros? Como que dejamos que primero pasen las cosas, que sucedan los momentos y las situaciones.

No hemos sido enseñados a que anticipadamente nos carguemos de amor antes de hacer algo, pero bueno nunca es tarde para comenzar, asi es de que si tu gustas vive la experiencia de prepararte antes de cada momento que vas a vivir llénate de amor y manda amor al lugar a donde iras y a las personas que verás, y permitete vivir esta nueva experiencia que te facinará.

AMOR

Nosotros somos Amor, es fácil elegir entrar por la Puerta del *"Amor"* Lo más importante es quedarnos detrás de la Puerta del *"Amor"* la mayor parte de nuestra vida. Amándonos a nosotros mismos, amando nuestro cuerpo, nuestra mente, nuestro espíritu, nuestra Alma y nuestra hermosa conección Divina con el *"Amor."*

Antes de nacer somos esperados con Amor, Cuando llegamos nacemos nos reciben con amor, crecemos siendo Amados y muchas veces en el camino de nuestra vida nos sentimos desconectados del Amor, pero siempre estamos conectados al Amor conscientemente o inconscientemente. Es mucho mejor estar conscientes de nuestra conección al Amor y vivir nuestra vida sintiendo Amor todo el tiempo.

Si nosotros hemos perdido el sentimiento de estar conectados al Amor, es tiempo de entrar a la Puerta del *"Amor"* Y recuperar nuestro sentimiento de conección al Amor. La Puerta del *"Amor"* será muy sutil y muy amorosa, por que su vibración alta de Amor es inmensa, su frecuencia es muy alta, y te tratará cuidadosamente y respetará el proceso en el que te encuentras viviendo actualmente en tu vida en el momento en que tu decidas volver a conectarte al Amor.

"Elige Vibrar Amor, Quedate Detrás de la Puerta del Amor Toda Tu Vida."

Poco a poco la Puerta del *"Amor"* te ayudará a cargar tu vibración con Amor y sentiras más Amor y más Amor, tú, comenzarás a sentir más Amor por Ti Mismo, más Amor por la Vida, más Amor por tus Amistades, más Amor por tu Familia, más Amor por el Planeta, más Amor por Otros, más Amor por nuestros compañeros los Animales, más Amor por la Naturaleza, más Amor por las Cosas que Tu Amas Hacer.

Tu te Enamorarás de la bellísima vibración del Amor, se siente maravilloso Amarnos a Nosotros Mismos, decirnos a nosotros mismos *"Me Amo"*, el sentir este hermoso Amor por Nosotros Mismos, teniendo un mejor cuidado de nosotros mismos, de nuestra salud física, mental, emocional, social, espiritual y económica.

Cuando nosotros permitimos que el *"Amor"* fluya dentro de nosotros, comenzamos a vibrar Amor, nuestras vibraciones de Amor mandan ondas de Amor a Otros, A Todo, al Planeta y al Universo. Esta hermosa vibración de *"Amor"* que estamos mandando al exterior, atraerá de los demás energía de Amor de regreso hacia nosotros, de todas partes y de Todo, del Planeta y de Todo el Universo. Generando Amor, Amor y más Amor para nosotros y para aquellos a nuestro alrededor. Nosotros estaremos creando experiencias Amorosas para nosotros y para la gente amorosa que está con Nosotros.

Cuando vibramos *"Amor"* es fácil reconocer la presencia del *"Amor"* dentro de Nosotros, dentro de Otros, dentro de Todos, dentro de Todo en todas partes. De pronto nosotros sentimos que estamos detrás de la Puerta del *"Amor"* y nosotros podemos ver el Amor en todas partes y podemos reconocer a quienes también se encuentran detrás de la Puerta del *"Amor"* tan conscientes como lo estamos nosotros de ella, sintiendo *"Amor."* Es tan maravillosos sentir *"Amor"* y *"Agradecimiento"* al mismo tiempo por todo, por el aire que respiramos y que es tan abundante, por la tierra que nos provee de todo lo que vemos incluyendo nuestros cuerpos hermosos, por el fuego que nos mantiene calientes y ayuda a que todo fluya en armonía con todos los elementos que existen.

Sintiendo agradecimiento por el *"Amor"* que sentimos los unos por los otros es tan mágico y tan maravilloso. Nuestra comunicación con nosotros mismos y con los demás es tan diferente cuando nosotros nos comunicamos con Amor, nosotros nos sentimos bien y los demás también se sienten bien.

Sentir agradecimiento y Amor por cada día que vivimos, hace nuestras creaciones y nuestras experiencias más especiales, y hace crecer nuestras relaciones con los demás. Nosotros podemos sentir Amor desde el momento en que nos despertamos hasta el final del día. Dando gracias con amor a nuestra cama, sábanas, almohadas y cobija por mantenernos calientitos y cálidos mientras dormíamos y nos recargábamos de energía para cada nuevo diía. Sientiendo Amor y agardecimiento por nuestra casa hermosa y por todos los milagros que vivimos dentro de ellas. Sintiendo Amor y agradecimiento por nuestra ropa y nuestros zapatos, por cada una de las pequeñas cosas que nos ayudan a tener una vida de mejor calidad.

Sintiendo Amor y agradecimiento por nuestro espíritu y nuestro mundo espiritual asi como por nuestro cuerpo y nuestro mundo material, es una combinación perfecta que nos ayuda a tener una maravillosa vida, completa y con perfectas experiencias de vida. Desde el momento en que nacemos hasta el momento en que respiramos nuestro último respiro.

Permitete a ti mismo estar detrás de la Puerta del *"Amor"* y cualquier cosa que decidas hacer hazla con Amor. Esta abierto al Amor, si tu has amado en el pasado y has tenido duras experiencias, sanate y permitete abrirte al amor una vez más. Viviendo la vida con Amor, Amando y permitiéndonos ser amados por alguien más es realmente mágico y maravilloso. La Puerta del *"Amor"* Te hara tener tu piel enchinada y activará una química especial cuando encuentres a esa persona especial quien amará compartir tu amor y deja que esa persona especial comparta su Amor de regreso contigo.

A continuación tocaremos a la puerta que hace que todo sea de un alto nivel energético, ya que al estar detrás de esta Puerta hermosa, nosotros nos respetamos, respetamos a los demás y los demás se repetan a si mismos y nos respetan de regreso a los demás. Elije esta Puerta y veras que tu siembra siempre te dará una cosecha maravillosa en todo momento.

RESPETO

Vas a amar estar detrás de la Puerta del *"Respeto."* Es esencial que tu, yo y todos nos respetemos unos a otros. Si hemos aprendido a respetarnos a nosotros mismos, será muy fácil que respetemos a los demás y que los demás también nos respeten a nosotros.

Podemos elegir comenzar por respetar nuestras elecciones, respetar las creencias que elegimos creer, respetando las creaciones y las experiencias que manifestamos en nuestro mundo real. Y es muy importante que respetemos las elecciones que los demás eligen, respetar las creencias que otros escogen creer, y respetar las creaciones que ellos están manifestando en su mundo real.

Si nos enfocamos en estar detrás de la Puerta del *"Respeto"* nosotros vamos a crear una vida muy maravillosa para nosotros mismos y para aquellos que están a nuestro alrededor, porque nosotros nos vamos a concentrar en vivir nuestra vida y permitiremos a los demás concentrarse en vivir la suya. Nosotros también respetaremos todo y a todos aquellos con quienes estemos en contacto durante toda nuestra vida.

Los resultados que obtenemos al estar detrás de la Puerta del *"Respeto"* son muy poderosos, los sentimientos mutuos crean maravillosas relaciones de larga duración.

GRACIAS

¡Muchisimas Gracias! Por Permitirme Compartirte *"Las Puertas De Tú Éxito."* Ha Transformado Mi Vida de Muchas Formas Y Deseo Que Mis Semillas de Amor y Mi Humilde Sabiduria Iluminen Tu Alma y Tu Vida.

Yo Te Estoy Invitando a Que Entres Por Puertas Que Te Hagan Sentir Muy Bien y Maravilloso, A Vibrar Alto, A Soñar en Grande y A Que Manifiestes Cada Día De Tu Vida Todo Lo Que Deseas Y Recuerda Vívelo *"A TU MANERA."*

Mi Elección Es Ser Agradecido Por Estas Maravillosas Vacaciones Que Todos Estamos Teniendo En Este Hermoso Crucero Que Llamamos Planeta Tierra, Vamos Cambiando De Una Puerta A Otra, Mientras Viajamos En Este Espectacular Universo.

APÉNDICE "A"

Las Máquinas Científicas, Mágicas e Imaginarias

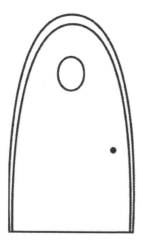

"Cuando Nos Abrimos A Nuevas Ideas Y A Nuevos Conceptos Expandimos Nuestras Capacidades Creativas Y Con Ellas Podemos Hacer Transformaciones Maravillosas Con Nuestra Mente, Con Nuestras Palabras Y Con Nuestra Forma Nueva De Actuar."

"Tú Sabrás Cuando Es El Mejor Momento Para Accionar Cada Una De Las Siguientes Máquinas Científicas E Imaginarias. Te Sorprenderás De Su Efectividad."

Yo quiero dedicar esta parte de mi libro para compartir contigo y con el Mundo acerca de estas sorprendentes y maravillosas máquinas. Yo las llamo *"Las Máquinas Científicas, Mágicas e Imaginarias."* Yo las he ido diseñando durante los últimos diez años. Las diseñé especialmente para ayudarme a tener una mejor relación conmigo mismo y como resultado tener una mejor relación con mi familia, mis amigos y con todos aquellos con quien comparta mi vida.

Todas las maquinas son imaginarias, esto las hace muy fácil de accesar y poder tenerlas con nosotros en cualquier momento que las queramos utilizar, sólo tenemos que pensar en cada una de ellas, imaginarlas y visualizarlas que están con cada uno de nosotros. Todas las maquinas son personales, todos podemos tener una de cada una de ellas y son tan abundantes que todos en todo el Planeta las podemos tener.

Nosotros las podemos atraer con nuestra imaginación, pensando en ellas, o cuando platicamos acerca de ellas con alguien más. Utilizalas cuando gustes, son muy divertidas de usar y funcionan. Cada una de estas máquinas nos ayudará a estar detrás de *"Puertas de Alta Vibración"* y nos ayudan a tener una vida mejor. No importa si alguien piensa que no funcionan, porque funcionan muy bien y yo puedo probárselos, una vez que las activamos el resultado es instantáneo, ellas inmediatamente nos ayudan a elevar nuestro niveles de energía a vibraciones más altas. Diviértete y disfrútalas, compártelas, se generoso, tú transformarás las experiencias de tu vida y la vida de aquellos con quienes las compartas. Tú vivirás tu vida con el Poder Mágico de ellas. Hoy tengo la oportunidad de compartirlas contigo con todo mi Amor.

"Artie" es un extraterrestre que viene de Yuvastok, un Planeta hermoso muy lejano en el Universo. Yuvastok es un Planeta de Amor, Libertad y Mágia. *"Artie"* compartirá con toda la humanidad acerca de sus fascinantes **"Máquinas Científicas, *Mágicas e Imaginarias.*"**

"Artie" esta a punto de llevarte en un maravilloso viaje hacia la Puerta de sus *"Máquinas Científicas, Mágicas e Imaginarias"* las cuales el trajo

desde su Hermoso Planeta para ayudar a la humanidad a que vivan una Vida Maravillosa, Positiva y de mucho Bienestar.

LAS MÁQUINAS MÁGICAS, CIENTÍFICAS E INVISIBLES

Por Arturo Reyes Varela E.

EL CÍRCULO DE ME SIENTO MUY BIEN

Imagínate a ti mismo rodeado por un círculo energético, de pura energía positiva, tu te sentirás muy bien rodeado de este mágico círculo de energía. Yo lo llamo el *"El Círculo de Me Siento Muy Bien"* Es muy importante que estés alerta de llevar tu círculo imaginario a donde sea que tu decidas ir.

Si en algún momento de tu día tu sientes sentimientos negativos y emociones negativas, asegúrate de llamar a tu energía positiva, atrayendo de regreso a ti tú *"Círculo de Me Siento Muy Bien."*

Asegurate de que tú *"Bienestar"* sea tu prioridad cada día y que te sientas bien todo el día, todos los días de tu Vida. Se Feliz sintiéndote Muy Bien y Maravilloso.

Cuando estamos detrás de *"Puertas de Alta Vibración"* nos sentimos bien y nuestro *"Círculo de Me Siento Muy Bien"* esta con nosotros todo el tiempo mientras nosotros nos mantengamos vibrando alto y positivamente.

Tan pronto nos encontramos detrás de *"Puertas de Baja Vibración"* nosotros sentiremos sentimientos negativos y emociones negativas y hemos dejado caer nuestro *"Círculo de Me Siento Muy Bien"* en algún lugar del camino, esto sucede cuando cambiamos de sentirnos positivamente a sentirnos negativamente y a sentirnos mal.

Pero sólo esta alerta y consciente de como te sientes, si no te sientes bien, te sientes mal, bajo de energía y negativo, etc… llama a tu *"Círculo de Me Siento Muy Bien"* y siente muy bien otra vez, deja ir la negatividad y recupera tus sentimientos positivos, optimistas y decreta a favor.

EL TRADUCTOR INTERNACIONAL

Cuando encuentres a tu mente pensando de manera negativa en tu contra ó en contra de alguien más. Utiiza tu *"Traductor Internacional"* imaginario. Imaginalo y visualizalo. Despúes imagina que tu *"Traductor Internacional"* cambia tus pensamientos negativos, tus ideas negativas, tu comunicación negativa a pensamientos positivos, a ideas positivas y a una comunicación positiva que esta trabajando a tu favor y a favor de los demás. ¡Se Creativo!

Si alguien más te dice algo negativo, desagradable, en tu contra, te hace bullying ó trata de empujarte a que tu te sientas mal contigo mismo, imagina tu *"Traductor Internacional"* y utilízalo para traducir a favor toda la negatividad que esta persona te mando con sus palabras, tradúcelo en palabras positivas, en pensamientos positivos y hazte sentir muy bien a ti mismo. ¡Una vez más se Muy Creativo!

Activa tu *"Traductor Internacional"* enciéndelo en cualquier momento, donde sea que lo necesites, a donde sea que vayas, tu te asombrarás de cuanto te ayuda para que tu te mantengas sintiéndote bien y sin tomarte personal ningún comentario negativo, ni tampoco ninguna proyección de nadie.

Yo me he divertido muchísimo activando mi *"Traductor Internacional"* cuando estoy conmigo ó cuando estoy con alguien más. Porque realmente no importa lo que otros me digan en una manera negativa, ni tampóco ningún pensamiento negativo que yo tenga, yo puedo cambiarlo a pensamientos positivos, en lo que yo decida y elija pensar ó decirme a favor positivamente.

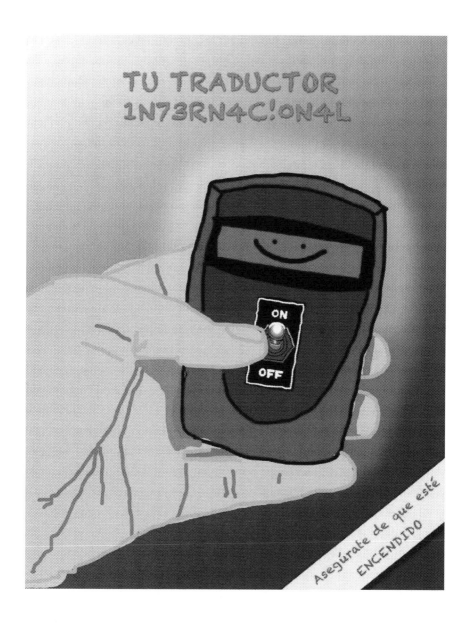

LA MÁQUINA DE LOS BOTONES
EMOCIONALES NEGATIVOS

Tu *"Máquina de los Botones Emocionales Negativos"* imaginaria, debe estar apagada todo el tiempo para que trabaje en tu favor.

Imagina y visualiza tu *"Máquina de los Botones Emcionales Negativos"* en todo lugar a donde vayas y actívala manteniéndola apagada, para que cuando alguien intente presionar alguno de tus botones emocionales negativos, estos estén apagados y asi tus emociones no están en riezgo cuando los demás te hagan comentarios negativos, ellos no podrán activar ningún sentimiento negativo, ni ninguna emoción negativa en tu interior.

Tú puedes estar feliz todo el día, sintiéndote bien, sin tomarte de manera personal ningún comentario, ninguna acción, ninguna situación, ni la proyección de nadie. De ningún miembro de la familia, ni de amistades, ni de personas que conozcas ó que no conozcas, ni de nadie con quien compartas un momento ó una actividad de tu vida.

La gente que se encuentra detrás de *"Puertas de Baja Vibración"* intentará cualquier cosa, lo que sea necesario para romper tus buenos sentimientos tu paz, armonía y tranquilidad. Ellos utilizarán su mente y sus palabras para hacerte sentir mal, está en ti el utilizar tu *"Máquina de los Botones Emocionales Negativos"* apagala para que no te tomes nada de manera personal. Puedes utilizar tu *"Traductor Internacional"* para cambiar las palabras negativas a palabras positivas, tantas palabras y pensamientos positivos como tu quieras y necesites para mantenerte vibrando alto, sintiéndote bien y positivo.

MÁQUINA DE LOS BOTONES EMOCIONALES NEGATIVOS

LA MÁQUINA EXTREMA DE CLICK Y ADIÓS

Esta es la máquina imaginaria extrema, *"Máquina Extrema de Click y Adiós."* Si tu ya has utilizado tu *"Traductor Internacional"* pero tu mente aún sigue pensando de manera negativa, activa tu imaginaria *"Máquina Extrema de Click Y Adiós"* presiona el botón imagianrio y manda lejos de ti todos estos pensamientos negativos, tan lejos como puedas para que no vuelvas a verlos nunca más, ni tampoco escucharlos de nuevo en tu mente ni con tus palabras.

También, cuando algo ó alguien este molestándote, utiliza tu *"Máquina Extrema de Click y Adiós"* click y manda lejos esa cosa, o a esa persona lejos, muy lejos de ti, ¡Para Alli Mismo y Sigue Adelante!

No te paralices, no te quedes en una vibración negativa que sólo bloquea el flujo de buenos momentos. Elije sentirte bien todo el tiempo, es sencillo, mantenlo sencillo, sintiéndote bien.

Manda lejos cualquier tipo de negatividad utilizando tu *"Máquina Extrema de Click y Ciao"* Sólo dale Click y Ciao baby, utilízalo para mandar lejos pensamientos, palabras, situaciones y gente que deseas lejos de ti. Fácil y sencillo.

Mantente detrás de *"Puertas que Te Hacen Sentir Bien"* y dentro de tu *"Circulo de Me Siento Muy Bien."*

LOS LIMPIADORES ENERGÉTICOS

Hay muchas oportunidades para utilizar tus *"Limpiadores Energéticos"* imaginarios, para limpiar tu vibración energética, para elevar tus niveles de energía y sentirte otra vez bien.

Después de cualquier experiencia negativa que hayas creado, que participaste en ella, que tú te involucraste en ella, visualiza e imagina tus *"Limpiadores Energéticos"* limpiando todo tu cuerpo y tu Áurea. De arriba hacia abajo, y de abajo hacia arriba, dejándote cargado de energía positiva.

Tú también puedes utilizar tus *"Limpiadores Energéticos"* para limpiar la energía de aquellos que han compartido una experiencia negativa junto contigo. O úsalos para limpiar a la gente que tú amas y que sabes que han vivido una experiencia negativa.

La intención de utilizar tus *"Limpiadores Energéticos"* es limpiarte de las experiencias negativas y elevar tus niveles de energía a vibraciones altas y positivas, asi puedes estar detrás de *"Puertas de Alta Vibración"* creando más experiencias positivas.

Trae a otros y a ti mismo de regreso a sentirse bien, limpia tu energía y la de los demás, es fácil y sencillo. Bienvenido a sentirte muy bien otra vez.

LOS LIMPIADORES ENERGÉTICOS

LAS MANITAS APLAUDIENDO

Las imaginarias *"Manitas Aplaudiendo"* aparecerán en cualquier momento que las llames. Especialmente cuando algo bueno te pase a ti ó algo bueno le suceda a alguien más.

Las imaginarias *"Manitas Aplaudiendo"* aplaudirán para celebrar tus logros, cuando logres una nueva meta, un sueño nuevo, cuando compartas tus buenas noticias, o cuando alguien que tú amas te comparta de sus buenas noticias. Ellas aplaudirán como aplaude la gente cuando esta en un conicerto y la canción terminó, cuando todos comiezan a aplaudir, a chiflar celebrando los buenos tiempos que están viviendo y el éxito de las personas tocando en el escenario.

Solo visualiza tus imaginarias *"Manitas Aplaudiendo"* aplaudiendo cada vez que lo quieras, en cada ocación que recibas buenas noticias, en cada una de todas las veces que logres alcanzar un sueño nuevo.

Aun cuando estes contigo ó con alguien más visualiza tus imaginarias *"Manitas Aplaudiendo"* estarán aplaudiendo para celebrar tus éxitos. Se el primero en reconocerte que lo has hecho bien.

"¡Siente La Celebración de Todos Los Buenos Momentos Que Tu Estas Co-Creando Con La Vida!"

LAS MANITAS APLAUDIENDO

EL REMOLINO TRANSMUTADOR

Activa tu *"Remolino Transmutador"* imaginario. Cuando tu llegues a experimentar una sensación de un sentimiento negativo, una emoción negativa, ó una intención negativa de alguien mas hacia tu persona, usa tu *"Remolino Transmutador"* siente la energía violeta fluyendo a tu alrededor, ayudándote y cambiando la vibración negativa a una frecuencia de vibración positiva.

Cada vez que tu uses tu *"Remolino Transmutador"* tu sentiras que tu energía se eleva y sentirás esta energía positiva en tu interior, fluyendo por todas tus células y por todo tu Ser.

Tu puedes activar tu *"Remolino Transmutador"* tantas veces como tu gustes y necesites, de manera que eleves tu vibración para sentirte muy bien y maravilloso.

Tu puedes utilizar tu *"Remolino Transmutador"* para empezar tu día, para empezar cada una de tus actividades diarias, tu no te tienes que esperar a sentirte negativo, tu puedes sentirte muy positivo y aún asi elevar tu energía usándolo.

Utiliza tu *"Remolino Transmutador"* para elevar la vibración de tu hogar, de tu negocio y la de cada lugar al que tú vas. Antes de llegar a cada lugar al que vas a ir, elije imaginar que tu *"Remolino Transmutador"* esta elevando la energía de la gente y del lugar a donde tú vas, incluyendo elevar la tuya. Asi todos se sentirán bien y maravillosamente.

EL REMOLINO TRANSMUTADOR

EL ESCENARIO MÁGICO

Disfruta visualizándote parado en tu *"Escenario Mágico"* observando que sólo cosas buenas te suceden, puedes visualizar que tu vida futura esta sucediendo en el escenario asi como en una obra de teatro o verla en una pantalla gigante como en una película del cine, y en cualquiera de ambas formas, tu observas que sólo cosas buenas te suceden a ti o a quien tu elijas visualizar dentro de tú *"Escenario Mágico."*

Disfruta con todos tus sentimientos y emociones, siente la alegría y la felicidad que trae a tu corazón el ver que solo buenas cosas te suceden a Ti y a todo aquel quien decides visualizar en tu *"Escenario Mágico."*

Se Creativo, observa en tu *"Escenario Mágico"* que todos tus Sueños ya están sucediendo, obsérvate a tí mismo saludable, feliz, exitoso, próspero, sintiéndote muy bien y Maravilloso.

Tú puedes tener todas las expectativas positivas de que todas tus elecciones son satisfactorias y que sólo estás viviendo buenas experiencias, sabiendo que tu visualización en tu *"Escenario Mágico"* se vuelve realidad para tí y para aquellos que están utilizando su *"Escenario Mágico"* empoderando sus creaciones individuales y colectivas.

El escenario mágico

ABIERTO A TODO LO BUENO

Párate con tus brazos extendidos bien abiertos y conéctate con tu maravilloso Universo Interior, inhala y exhala tranquilamente, lentamente y siente tu paz interior. Puedes mantener tus ojos abiertos ó cerrarlos si asi lo deseas, repite en tu interior ó en voz alta, una vez ó cien veces, tantas veces como tú lo quieras hacer:

"Estoy Abierto A Todo Lo Bueno"
"Estoy Abierto y Receptivo A Todo Lo Bueno"

"Yo Permito Que Me Suceda Todo Lo Bueno"

"Yo Recibo en Abundancia Todo Lo Bueno, Ahora y Siempre"

"Yo Genéro Prosperidad En Todas Las Áreas De Mi Vida"

Sientete Bien y Muy Agradecido por todo lo que la Vida tiene aquí y ahora para Tí. Y Continúa:

"Abierto a Todo Lo Bueno."

REMOLINOS DE AMOR

Bajo cualquier circunstancia, donde sea que elijas estar, en cualquier momento, actíva el *"Amor"* al imaginar *"Remolinos de Amor"* flotando en todo el lugar, rodeándote, rodeando a todos y a todo con esta hermosa vibración de *"Amor. Inhala y Exhala Remolinos de Amor."*

Dentro de tu mente imagina y visualiza *"Remolinos de Amor"* en todas partes, dentro de todos y dentro de todo. Ten esta hermosa sensación de *"Amor"* transformando la vibración de todas y de cada una de tus experiencias. Siente este *"Amor"* con todos tus sentidos y comparte este *"Amor"* con todos, desde tu corazón hacia cada una de tus amororsas creaciones, en todas tus experienicas y Siéntete Maravilloso, Siéntete Muy Bien, Siente Amor en Todas Partes a donde vayas.

Tu puedes mandar *"Remolinos de Amor"* a todas partes donde tu gustes, hacia situaciones difíciles, a tu amada pareja, a tus amadas amistades, a tu amada familia, a tus amados amigos y compañeros del trabajo, a todo el mundo en el planeta, tu elijes a donde envias tus *"Remolinos de Amor"* para ayudar a otros a sentir esta hermosa y amorosa experiencia.

"Elije Hacer Con Amor Todo Lo Que Hagas."
"Vive Tu Vida Con Amor en Tu Corazón y dentro
de Cada Una de Las Células de Tu Cuerpo"

"Manda Remolinos de Amor en todas Direcciones"

LA REGADERA SANADORA BAJO LOS HERMOSOS RAYOS DE COLORES

Cuando te des un baño eleva tu energía, limpia tus vibras, deja que el agua fluya, cierra tus ojos, siente como corre el agua por todo tu cuerpo, esta muy presente en el ahora y muy presente en ese momento…

…Deja ir el pasado, el futuro, deja ir todo, siente el agua deliciosa moviéndose por todo tu cuerpo, visualiza el agua en colores claros divinos limpiando tu energía, limpiando tus sentimientos y tus emociones, limpiando tu mente y tu cuerpo.

Siente la vibración Divina de cada color, desde el blanco, a rojo, a naranja, a amarillo, a verde, a azul, a rosa, a morado, a índigo, a plateado, a dorado, a color cobre, visualiza todos los colores en color metálico, intensifica los colores y siente el cambio en tu estado mental y siente el cambio positivo en tu estado de ánimo, cargándote de energía positiva.

Siente cuanto bien te hace sentir, no solo limpiando tu vibración energética y tu cuerpo, sino además cargándote de nueva energía positiva, elevando tus vibraciones internas y externas.

"¡Siéntete Bien, Siente El Momento, Siente La Energia Positiva Fluyendo En Tu Interior!"

EL BAÑO SANADOR
BAJO RAYO DE COLORES HERMOSOS

LLAMA A TU EQUIPO DE AYUDANTES DIVINOS

Llama a tus *"Ayudantes Divinos"*, tu Equipo Divino. Siente su ayuda y su asistencia. Tú y sólo tú puedes elegir a tus Ayudantes Divinos. Llámalos.

En cualquier momento que necesites claridad, ayuda, sabiduría, inteligencia, llámalos.

Los Libros pueden caer del librero, trayéndote respuestas que has estado esperando.

Alquien te puede llamar y decirte exactamente lo que necesitas oir y escuchar.

Pueden hacerte llegar un regalo inesperado.

Existen infinitas formas y maneras de saber que estas recibiendo ésta Ayuda Divina de parte de tu equipo no visible y tú puedes sentir su presencia si te abres a ello.

"Siéntete Agardecido por Su Ayuda, Por Asistirte en Todo Momento, Y Sientete Bien Para Pedir Su Ayuda en Cualquier Momento. Espera Respuestas Maravillosas."

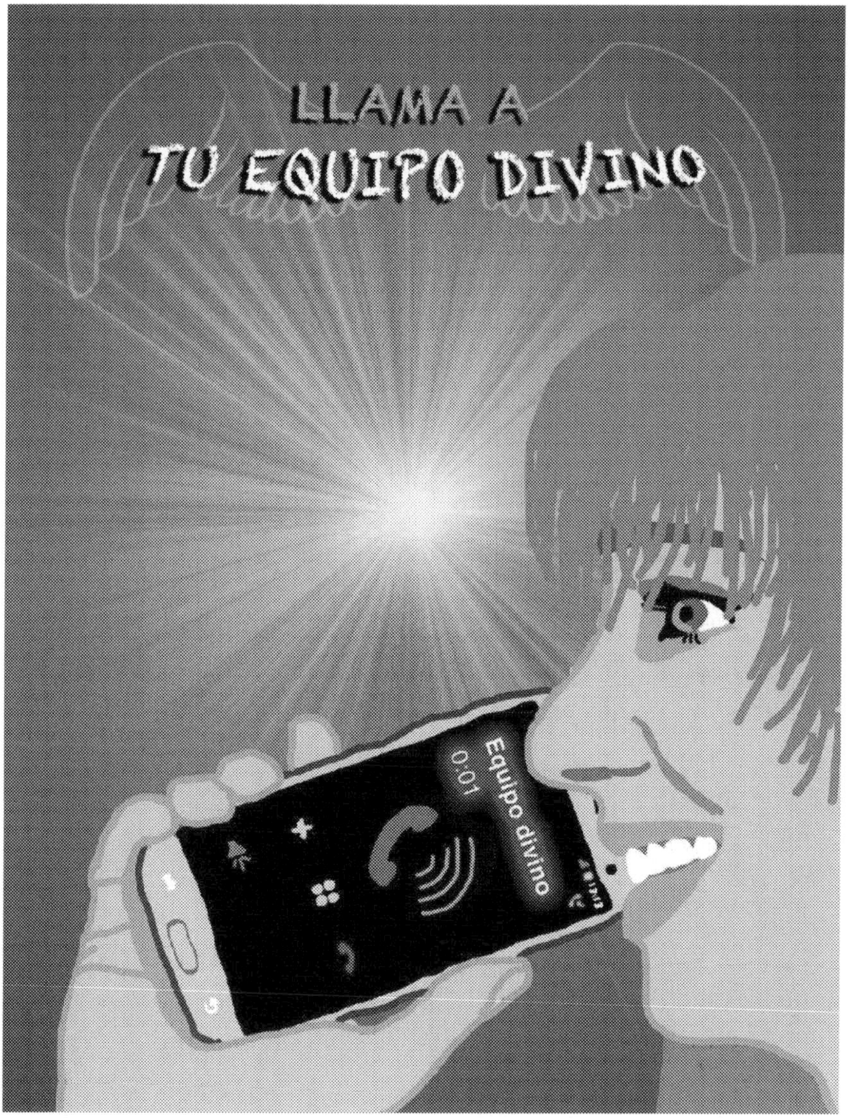
LLAMA A
TU EQUIPO DIVINO
Equipo divino
0:01

LAS PUERTAS DE TU ÉXITO... ...TÚ DECIDES

Elije, elije, elije, elije, elije, elije, elije, elije, elije...

Todo es cuestión de elegir ¿Detrás de que Puerta deseas estar? ¿Cuál Emoción elegir? ¿Cuál Sentimiento Sentir? ¿Cuál Actividad elejir? ¿Con Quién Estar? ¿Qué Hacer? ¿Qué Pensar? ¿A dónde ir? ¿Qué Ropa vestir? ¿Qué Comer? ¿A Quién Amar? ¿A dónde Viajar?

¿Cómo elegir sentirnos? En cada una de las multiples elecciones que hacemos momento tras momento.

Recuerda que cada segundo estamos detrás de una Puerta de actividad y que nos podemos cambiar una y otra vez a otras Puertas de otras actividades durante todo el dÍa.

Esta alerta ¿Qué elecciones hacer con tus Puertas emocionales? Si decides crear tus experiencias detrás de *"Puertas de Baja Vibración"* ó detrás de *"Puertas de Alta Vibración."*

Elije usar *"Las Puertas de Tú Éxito... ...Tú Decides."* para sentirte Maravilloso Todo El Tiempo. Mantente Siendo Honesto con Tu Alma y Vibrando Alto Sintiéndote Genial.

EL PASILLO DE
LAS PUERTAS

Puertas de Baja Vibración   Puertas de Alta Vibración

MIS AGRADECIMIENTOS ESPECIALES

Primeramente, Gracias A La Divina Fuente de Todo El Amor y Abundancia de Todo Lo Bueno, por Concederme el Honor de Canalizar Toda Esta Información Maravillosa y Por Ayudarme a Hacer Mi Vida Mejor, Más Fácil, Más Feliz, Llena de Bienes y de Bienestar, Que Regalo Tan Preciado.

Gracias A Nuestro Planeta Tierra Hermosísimo, por Abrirnos Todas Sus Puertas Maravillosas y Por Permitirnos Venir a Vivir Aquí y Verlo Como Nuestra Casa Bellisima y Nuestro Divino Campo de Juego de Todas Nuestras Creaciones.

Gracias A Mi Por Canalizar *"Las Puertas De Tu Éxito... ...Tú Decides"* y por Compartirlo con Todo el Mundo con Todo Mi Amor y Toda Mi Genrosidad asi Como La Vida Me Ha Compartido Tanto a Través de Tántos Angeles Divinos en la Tierra. Gracias a Tod@s.

Gracias A Mis Padres, Abuelos, Hermanas, Hermanos y a Toda Mi Enorme Familia quienes Han sido unos Increibles Co-creadores y Enormes Ayudantes en Mi Vida y en Mi Historia Personal. Gracias a Mi Padre Miguel Angel, por Todo Su Apoyo y Por Siempre Saber Dentro de Si Mismo Acerca de Mis Talentos y Dones Especiales. Un Gran Entrenador de Vida y Una Pareja de Dobles de Vida. Gracias a Mi Madre Silvia, por Darlo Todo Su Amor y Su Vida a Nuestra Familia. Una Maravillosa Leonesa. *Tu Eres Única, Una Ganadora del Oscar de Vida ¡Madre! ¡Los Amo a Ambos! ¡Siempre Estan en Mi Corazón! ¡Gracias Por Ser Mis Padres!*

Mi Especial Agradecimiento A Antonio Rodriguez Herrera y A Toda Su Hermosa Familia, Quienes Caminaron a Mi Lado Creando, Viviendo y Compartiendo la Creación de mi primer libro *"Las Puertas de Tú Éxito... ...Tú Decides"* por Tántos Momentos Compartidos a Unos Niveles de Lo Más Maravillosos y Mágicos de Creación Amorosa. Ayudándome a Manifestar y a Crear Este Libro Para Una Vida Mejor Para Mí y Para Todos.

Gracias A Norma Ely Castro por Ser Nuestra Maravillosa Amiga y Hermana, Por Tu Apertura y tu Manera de Jugar Viajando en Esta Vida Visualizando e Imaginando Juntos Tantos Aspectos Maravillosos de la Vida y por La Co-creación de *"El Mercado de Las Soluciones"* con tanta Diversión.

Gracias A Queen Tere Mois, Quien Siempre Me Dijo– **"Cree En Ti, *Porque Tu Puedes Lograrlo. Yo Te He Visto Ayudar a Otros a Transformar Su Vida en Dos Horas, Asi Que Tu Tambien Puedes, Your Highness."* Queen Tere, Tu Has Sido Mi Inspiración y Una Enorme Ayudante En Muchos Momentos Muy Importantes En Mi Vida. *¡Muchas Gracias! I Love Me and I Love You Ch...! ¡Nosotros Creamos Universos Maravillosos y Maravillosas Aventuras de Vida...!*

Gracias A Mi Hermosa Familia Belanger, Jim, Nancy, Gigi, Julie y Amistades de la Familia por Tanto Amor, Apoyo y Por Todo Lo Que Hemos Compartido Detrás de Puertas De Alta Vibración Con Tanto Amor. Nosotros Hemos Tenido Muchos Momentos Divertidos, Tantos Momentos Maravillosos y Experiencias Fantasticas. *Gracias Mrs. Cool, Esa Eres Tu Julie. Yo Realmente, Realmente Te Amo Muchísimo.*

Gracias A Marines Valencia *"La Nena Más Hermosa"*, Quien Es Tan Divertida Y Nosotros Jugamos La Vida Como Niños Pequeñitos, ¡Guau!!! ¡JaJaJa!!! ¿Quieres Ir De Compras? ¡JaJaJa!!! Ella Siempre Nos Dijo – *"Si Tu Dudas, ¡No Lo Hagas! Si Tu Siguiente Elección La Sientes Bien Para Ti, ¡Hazla!"*

Gracias A Karla JiVal *"La Princesa Evian Blue Naya Divergent"*, por que ¡Nosotros Somos Familia! Vida tras Vida y Nosotros Hablamos El

Lenguaje De Las Puertas, Coaching Uno al Otro De Una Manera Muy Poderosa y Todo Lo Hacemos Basado en Amor *"Te Amo Princesa."*

Gracias A Lorena Gómez, Mi Hermana Del Alma, Quien Me Dijo una y otra vez – *"Arturo, ¿Dónde esta Tu Libro? Escríbelo, Háblame De Él, Mándame Mensajes, Mándame Partes De Tu Libro."* Con Tanto Amor Ella Me Apoyo y Me Empujo para que Re-Escribiera El Libro desde Un Principio. *"Lorena, Tú Eres Mi Ángel."*

Gracias A Don Anderson, Maestro, Coach de Escritura, Gran Amigo y Experto de Vida, Me Empodero para Escribir Apropiadamente, Simple, Claro y de Una Manera Poderosa. Con La Lección de Vida – *"Yo No Estoy En La Posición de Cambiar a Nadie Más, Pero A Mi Mismo, Si Asi Lo Elijo."*

Gracias A Volkhard Bongers, Por Tu Hermosa Amistad y Por Ayudarme a Abrir Tantas Puertas Maravillosas Conociendo a Gente Bellisima y Por Compartir Tantos Momentos Maravillosos. *"Yo Atesoró En Mi Corazón Tu Amistad, Tu Ayuda Para Hacer Posible Nuestro Viaje a Alaska y Por Ayudarme a Hacer Realidad y Posible Mi Sueño De La Pequeña Avioneta."*

Gracias A Mi Tia Irene Esponda Oviedo, Quien Siempre ha Sido una Ayudante Increible Muy Muy Divertida y Ella Está Esperando Sus Bonos. ¡JaJaJa!!! Ella dijo – *"Yo Te Escucho, y ¿Si Tu Me Vas A Dar Bonos? Yo Yo Te Escucho Más y Cuando Gustes."* ¡JaJaJa!!! Muy Juguetona Todo el Tiempo. Mi Miembro de La Familia Favorita. *¡I Love You My Very Way 2 U Tu 2+2 Veces! ¡Jajajaja!!!*

Gracias A Mi Sobrino Jony Alarcon R.V. Quien Ha Sido Mi Computer Couch Durante Todo El Proceso De Escribir Mi Preciado Tesoro. Tu Alma Aventurera Siempre Me Esta Ayudando a Seguir hacia Adelante Eligiéndome a Mi Mismo Aun Cuando Estoy En Mis Mejores o En Mis Peores Momentos. *"Tú Eres Un Guerrero Pacífico."*

Gracias A Todos Mis Amig@s en Todo El Planeta, Los Amo A Tod@s y Estoy Muy Agradecido Por Todas Las Aventuras y Las Experiencias

Maravillosas Que Hemos Compartido En Este Viaje de Vida. Viviendo Toda Clase De Momentos Diferentes Detrás De Todo Tipo de Puertas. ¡Muchísimas Gracias A Tod@s!!!

Gracias A Mi por Mi Primer Libro Publicado *"Las Puertas De Tu Éxito. Tu Decides"* Por Ser Mi Mas Preciado Regalo De Vida De ¡Santa Claus y de Bob Esponja! Quienes son Mi Mejor Representación De La Divinidad Generosa y Divertida.

Gracias A Los Ángeles, Editores y Publicistas de Balboa Press/Hay House: Danny Barnes, Michael March, Dee Garner y Sus Equipos. Que Me Ayudaron Con Tanto Amor a Hacer *¡Que Mi Sueño De Poder Ser Un Autor Publicado Se Volviera Realidad!*

Gracias a Juan Cu Por Toda Su Ayuda En La Corrección De Estilo.

Gracias a Steffie Beltt Por Su Ayuda Para Llevar Mis Imágenes A Un Nivel Superior.

Gracias a Jonas Jonas y a Liz, Por Su Ayuda Con Su Expertis En Computación Para Que Pudiera Lograr Los Cierres De Este Hermoso Proyecto.

Gracias a Rodrigo Gárcia Ancira Por Su Profesionalismo Para Ayudarme a Crear Mi Fotografía de Contraportada.

Gracias a Mike Dooley Quién Me Invitó Al Curso Internacional Para Escritores, Organizado Por Hay House Publishers En La Ciudad De Chicago, Illinois. Estados Unidos de Norte América.

Gracias A Todos Por Compartir Tantos Momentos Importantes y Hermosos En Todo Este Proceso Y Viaje De Creación.

Gracias A Todas Estas Amorosas Personas y Por sus Enseñanzas Compartidas En Sus Libros y En sus Conferencias; Que Me Han Ayudado A Lo Largo de Mi Vida:

Louise L.Hay ("Tú Puedes Sanar Tu Vida", "El Poder Esta Dentro de Ti"),
Wayne Dyer ("Tus Zonas Erroneas", "El Poder de La Intención"),
Deepak Chopra ("Sincro Destino", "Las 7 Leyes Espirituales del Éxito"),
Steven Covey ("Los 7 Hábitos de la Gente Altamente Efectiva"),
Ekhart Tolle ("El Poder del Ahora"),
Esther and Jerry Hicks- Abraham ("Pide y Se Te Dará", "La Ley de la Atracción"),
Don Miguel Ruiz ("Los Cuatro Acuerdos", "La Voz del Conocimiento", "Maestría del Amor"),
Don Juan Ruiz ("El 5º Acuerdo"),
Doreen Virtue ("Mensajes De Tus Ángeles", "Sanación Con Las Hadas"),
Paulo Cohelo ("El Alquimista"),
Rhonda Byrne ("El Secreto", "El Poder", "La Magia"),
Walt Disney ("Todas Sus Peliculas"),
Richard Bandler ("Programación Neurolingüística"),
Susan Castle ("Sanando El Chakra del Corazón Nadando Con Delfines").
Florence Scovel Shinn ("El Juego de La Vida").
Jack Canfield and Mark Victor Hansen ("Caldo de Pollo para El Alma"),
Isha ("La Revolución de La Consciencia I, II, III", "Reconectando Al Amor"),
René Mey ("Sanando Con Los Ángeles"),
Brené Brown ("Los Regalos de La Imperfección"),
Ingala Robl ("Constelaciones Familiares").

Gracias Anticipadamente A Walt Disney, Mi Agradecimiento Especial Anticipado por Ayudarme A Hacer Posible La Pelicula Para Niñ@s - ***"El Magico y Maravilloso Mundo de Las Puertas. El Método." La Pelicula Para Niñ@s. ¡Gracias!!!***

ACERCA DEL AUTOR

Toda mi vida, Yo he estado enfocado en Soñar en hacer Realidad Mis Sueños, Soy un Soñador. Asi que es muy normal para mi el visualizar e imaginar casi todo lo que quiero, mi mente es maravillosa, asi que he pasado muchos días de mi vida imaginando, visualizando y pensando – *¿Cómo podría vivir todas las experiencias que yo quería vivir?* Yo también pensé – *¿Cómo podría yo ayudar a los demás a que lograran realizar sus metas y sus sueños y hacerlos realidad?*

En esos momentos yo sentí esta fuerza interior empujando y empujando, diciéndome - *"Sólo Confia En Ti Mismo"*, *"Sucederá"*, *"La Vida Te Lo Traerá"*, *"Solo Confia." Así lo Hice y Lo Sigo Haciendo.* Me convertí en un excelente coach deportivo y después en un excelente coach de vida, por que yo creo en mí y creo en la gente, *"Se Qué Nosotros Somos Capaces de Crear Aquello Que Podemos Imaginar."*

Yo recuerdo que desde que era niño, yo me la pasaba observando el Mundo con muchos sentimientos maravillosos – Como era siempre tan posible para tanta gente el manifestar sus sueños y metas. Era tan maravilloso verlo suceder una y otra vez. La determinación, la disciplina diaria, la fuerza y el amor propio para hacer que sucedieran sus sueños y deseos.

Durante mis años de la infancia mi hermana, mis hermanos y yo, fuimos a escuelas publlicas y privadas. Durante las mañanas íbamos a la escuela y por las tardes solíamos jugar con nuestros amigos de la colonia donde vivíamos y también teníamos la increíble oportunidad de jugar tenis en clubs deportivos privados muy bonitos: The Reforma Atletic Club, El Club Deportivo Chapultepec, El Club Asturiano y El Club de Golf Acozac.

Todos estos en la Ciudad de México. Todos jugábamos tenis durante varias horas a la semana, nadábamos, corríamos, jugábamos diferentes deportes como: squash, raquet ball, carreras atléticas y futbol soccer. Los Clubs eran nuestro campo de juego cada fin de semana y algunas tardes en los días entre semana.

Mis padres también jugaban tenis, mi padre jugó para el equipo de Copa Davis para México en su juventud, mi hermano Miguel Angel también formó parte del equipo, y mi sobrino Mickey se encuentra actualmente jugando en el equipo de Copa Davis para México. Mi Mamá también jugo por diversión, además de que también era muy competitiva.

El ambiente en el club era muy divertido, muchas familias muy prósperas eran miembros y todos compartimos de nuestros días de momentos maravillosos en el club practicando deportes y pasándola platicando y compartiendo más momentos divertidos. Mi padre también practicaba otros deportes y jugaba domino con sus amigos mientras que mi Mamá jugaba cartas y tenis con sus amigas. ¡Todos nos divertimos mucho!

Muchos de nuestros amigos en el club eran de México, y otros amigos eran de Alemania, Italia, Inglaterra, España y de America del Sur. Yo siempre amé el tener amigos de todos los países del planeta, esto me ayudo a desarrollar una actitud de mente muy abierta, y de amor por toda la humanidad.

Cuando nosotros teníamos días libres y vacaciones, mi familia y yo, viajábamos mucho a diferentes destinos en el país de México y por lo menos una vez al año viajábamos a Los Estados Unidos de Norte America, vivimos mucha diversión, especialmente cuando fuimos a Disneylandia, nosotros nos divertíamos mucho en cada uno y en todos los viajes que hicimos.

Nuestros amigos también viajaban mucho. Todos tuvimos vidas grandiosas, llenas de muchisismas hermosas oportunidades y de experiencias maravillosas que solíamos compartir y hablar de ellas. Mis amistades y yo reíamos de todo y encontrábamos muchas formas de disfrutar la vida y de cada aventura de la vida, eso se me volvió un hábito en los años venideros.

Para mi todo era tan posible, yo podía ver todo tipo de diferentes deseos y sueños que se manifestaban en la vida de los miembros de mi familia, en la via de muchos de nuestros diferentes amigos, y también en todas partes donde yo miraba veía que lo sueños de muchas personas se habían hecho realidad. Era maravilloso poder ver esto, como poder ver todos los logros que mucha gente alcanzaba y los mostraban en la television, todas esas buenas noticias siempre iluminaban más mi día.

Yo aprendí a enfocarme en soñar en grande, y vi que mucha gente estaba haciendo lo mismo, también soñando en grande. Yo sabia que yo no era el único y yo amaba eso, por que veía que muchos de nosotros estábamos haciendo las cosas que amábamos hacer, no necesariamente lo mismo para todos, todo tan disponible para todos y tantas opciones tan diferentes, como un enorme buffette de oportunidades.

Así que cuando yo tenia 13 años de edad, para mi, mí sueño enorme era lograr estudiar la Universidad en E.U.A., yo quería estudiar mi carrera en E.U.A. asi como mi padre lo había hecho en la Universidad de High Point en Carolina del Norte. Él se ganó una beca deportiva por jugar para el equipo de tenis de la Universidad. Asi que yo, comencé a entrenar y jugar tenis mucho tiempo después de la escuela durante mis años de secundaria y también de preparatoria. Por que yo tenía una meta grande en mi mente. Yo jugué tantos torneos de tenis como podía, yo entrenaba todas las tardes y todos los fines de semana, yo hice todo lo que me fue posible por mejorar mi nivel como jugador de tenis.

Un día después de 5 años de entrenar tenis, teniendo muy buenas calificaciones en la escuela y de estar enfocado en soñar en que yo estaría en la Universidad, haciendo todo lo que yo tenia que hacer. Mi sueño se volvió realidad y yo me gane una beca deportiva para Estudiar Ingenieria en Computación en La Universidad de Harding en Searcy, Arkansas en los E.U.A. Yo jugué por un par de años. Un Super Momento en mi vida, un logro increíble para mí. Dos años maravillosos con muchas amistades hermosas viviendo experiencias maravillosas.

Muchos años ya han pasado desde que sucedieron mis años Universitarios, y también muchos muchos grandes sueños que he vivido y muchas metas alcanzadas que yo quería lograr y manifestar. Yo realmente tengo muchas historias maravillosas de todos estos años para platicarlas y compartirlas, de verdad les digo yo he sido muy afortunado.

Yo quiero compartir la siguiente historia de mi Vida contigo:

Hace algunos años, yo estaba viendo esta película excelente – *"Cadena de Favores"* (Es una de mis películas favoritas, una que deberían ver todos y disfrutarla) yo estaba maravillado viendola, en la película hay una escena donde el profesor y los alumnos están en el salón de clases, el profesor les pide una tarea a los estudiantes- Piensa en una idea, que ayudaría a este planeta para ser un mejor lugar…

… En el momento en el que el profesor hizo esta pregunta yo detuve la película y comencé a hacer la tarea como si yo también estuviese dentro del salón de clases, junto con todos los estudiantes, asi que comencé a imaginar en mi mente –

¿Qué Puedo Hacer Para Que Éste Planeta Sea Un Mejor Mundo?

Mi respuesta me vino casi inmediatamente, así que la escribi en mi cuaderno que yo tenía conmigo. Esto es lo que yo voy a hacer:

"Yo voy a ayudar a cada persona y a todas las personas a que sean ellos mismos, autenticos, unicos, extraordinarios. Sólo a ser aquellos quienes han elegido ser en esta Nueva Vida. Y me voy a ayudar a mi mismo a hacer lo mismo Sólo Ser Yo en Mi Mejor Versión y Ayudar a Otros A Ser Ellos Mismos En Su Mejor Versión Que Les Sea Posible."

Cuando decidi hacer esto hace ya 17 años, yo daba Sesiones Sanadoras de Energia Holistica y Entrenamientos de Vida (Coaching) en diferentes ciudades de México para muchas personas de diferentes nacionalidades.

Algunos días después de haber visto la película:

Un dia, desperté con muchas ideas en mi mente, asi que comencé a escribirlas y a experimentar estas ideas primero poniéndolas en práctica conmigo mismo. Yo lo hice una y otra vez y observaba los resultados que estas nuevas ideas traían a mi vida.

Estaba maravillado y muy feliz, listo para compartir estas nuevas ideas con tantas personas como me fuese posible y con la gente que estuviese lista y abierta para intentarlas. Comencé a compartirlas y enseñarlas en mis sesiones de Entrenamientos de Vida (Coaching Holístico), con excelentes y efectivos resultados. Estaba muy feliz y mis amistades a quienes yo les daba el coaching estaban muy contentos con sus nuevos logros en su vida. Lo cual me hacia aún más Feliz.

Durante toda mi vida yo he tenido muchos Maestros y ayudantes maravillosos de muchas partes de todo el Mundo, muy afortunado de elegirlos y de atraerlos a mi vida. Viaje mucho durante muchos años con una mente abierta y entusiasmado para aprender de tanta gente y de sus diferentes puntos de vista, y de sus diferentes culturas. Yo también estaba abierto a aprender de mi propia manera de pensar y de mis propias experiencias.

Yo siempre me he sentido muy bendecido, afortunado y agradecido por ser capaz de lograr alcanzar y hacer realidad muchos de mis sueños, metas, proyectos y deseos durante tantos años. Yo fui tan feliz viéndome lograrlo y muy feliz viendo que mucha gente estaba viviendo sus sueños y le estaba sucediendo a tanta gente en todas partes a donde yo iba y por todas partes del planeta.

Me emociona y me pongo feliz cada vez que escucho buenas noticias: de mi familia, de amistades cuando las veo o cuando hablo con ellas por teléfono, por las redes sociales y también cuando escucho las buenas noticias por la TV de gente a quienes ni conozco en persona y por supuesto también me pongo muy feliz con mis buenas noticias, Es una gran placer para mi el ser Feliz y el ver a otras personas Felices.

Por muchos años yo jugué tenis y enseñé a jugar tenis como jugador profesional de tenis en México, E.U.A. y Hong Kong. Yo era apasionado de crear campeones y de ayudar a los demás a mí alrededor a sentirse bien, a que creyeran que lo que seá que pudieran soñar, era posible alcanzarlo y hacerlo suceder. Yo viaje con mis alumnos en el país de México, en E.U.A., Canada, España, Francia, Suiza, Alemania, Italia, Hungria, Dinamarca, Belgica, Holanda y después me fui a vivir dos años a Hong Kong enseñando tenis en el Club Discovery Bay Residents Club. Tantas aventuras y experiencias excelentes en cada lugar.

Yo enseñé a jugar tenis a niños y niñas pequeños, a jovenes, a adultos, hombres y mujeres. Yo era un Feliz campista ayudando a otros con mis herramientas y talentos, para que ellos pudiésen lograr sus metas en el deporte y también en su vida personal. Yo los motivaba a que tuviesen una actitud excelente y muy positiva y a un gran trabajo en equipo con los otros entrenadores, con todos los miembros del equipo, con los miembros de sus familias, con los miembros del equipo. En ocasiones con los demás de sus amigos de otras ciudades de México que a veces eran sus oponentes en los torneos pero que también podían en algunas ocasiones ser parte del mismo equipo en competencias nacionales e internacionales o cuando jugaban la categoría de dobles.

Yo recuerdo decirles lo siguiente antes de sus partidos:

"Tu contrario te esta ayudando a que jugues en la cancha con tus mejores habilidades y herramientas, asi que siempre espera que jueguen su mejor partido y que tu también juegues tu mejor partido. Y durante el partido haz posible que conquistes y seas dueño de tus sentimientos y emociones. Y si todo marcha a tu favor tu quizás salgas victorioso."

Yo siempre fui como el entrenador coach de tenis tipo psicólogo que amaba la vida y que amaba lo que estaba haciendo en aquel entonces. La vida me obsequió la hermosa oportunidad de compartir lo mejor de mí mismo: mi corazón, mis talentos y todas mis herramientas con todos mis compañeros de trabajo, compañeros de equipo y todos mis alumnos y con sus familias.

Después de 17 años de ser entrenador coach de tenis, hice la hermosa transición de vida y un gran cambio cuántico para convertirme en

Entrenador de Vida (Life Coach Holístico). *"Otro Super Cambio en Mi Vida."*

En los últimos 12 años de mi vida me he dedicado a escribir acerca de mi libro *"Las Puertas de Tú éxito, Tú Decides"* Yo lo he compartido y enseñado en mis sesiones de Entrenamiento de Vida (Coaching Holístico) en sesiones: Individuales, a Parejas, a Familias y a Empresas.

También poniéndolas en acción yo mismo cada día de mi vida hasta hoy en día, obteniendo resultados maravillosos.

Permíteme Compartirte Otra Experiencia Mágica Que Yo Viví:

¡Un día! Cuando yo estaba viviendo mis años felices en Puerto Vallarta, México. Mi amigo y maestro de escritura Don Anderson me pregunto – *"Arturo, ¿Cómo le haces?"*, yo replique – *"¿Cómo le hago?"* Yo no entendí su inesperada pregunta. Después nuestra linda y hermosa conversación tomo lugar mientras estábamos sentados en la playa del hermoso Puerto de Vallarta, disfrutando la brisa hermosa y un delicioso jugo de mango, en el océano pacifico.

Don me dijo –*"Yo te veo disfrutando de tu tiempo en la playa casi todos los días, tu comes tu desayuno, tu descansas, tu haces tu yoga, tu platicas con mucha gente, yo te veo nadando en el mar disfrutando de tu vida y de pronto tu te vas por algunas horas y después te veo regresar a la playa, nadando en el mar, disfrutando de la vida de una manera maravillosa con una gran actitud."*

Yo reí por un momento y amé todo lo que el me estaba diciendo, después yo le dije:

"Yo estoy escribiendo un hermoso libro llamado "Las Puertas de Tú Éxito, Tú Decides." Yo he estado poniendo en practica mis técnicas en mi mismo durante un tiempo cada día desde que empecé a escribir y también las he estado enseñando en las sesiones de Entrenamiento de Vida (Coaching Holístico) durante ya algunos años; yo continué contándole toda la historia...

… El tenia una manera muy amorosa de ser y el arte de escuchar cuidadosamente a los demás, el era muy lindo y el estaba muy interesado en saber más al respecto, asi que le expliqué como yo usaba *"Las Puertas de Tú Éxito. Tú Decides"*, *"La Ley De La Elección."*

Yo le explique a Don como usaba *"Las Puertas de Tú Éxito, Tú Decides"* Todo lo que yo hago es visualizar estas Puertas imaginarias cada vez que elijo hacerlo, y cómo me cambio de una Puerta a la siguiente cuando se trata de una actividad a otra actividad. Yo también le mencioné de las otras Puertas que visualizo que son Puertas Emocionales y de como yo elijo las maravillosas emociones y sentimientos que deseo sentir en cada una de mis diarias creaciones y en cada experiencia que yo estoy co-creando con la vida y con otros.

Mi Amigo Don estaba muy inspirado y dispuesto a ayudarme a hacer que mi libro fuese poderoso y fácil de leer para todos, ya que el era un estudiante graduado de la Universidad como Maestro de Ingles. Yo me volví a sentir muy afortunado, bendecido y muy agradecido de poder recibir toda su experiencia y su tan apreciada ayuda, su sabiduría, paciencia, guía y me sentí muy feliz por todos los momentos hermosos que compartimos al lado del océano hablando sobre *"Las Puertas de Tú Éxito. Tú Decides"* e intercambiando sobre nuestras experiencias personales y nuestras ideas poderosas. Asi que estoy muy agradecido con Don por su amistad, su sabiduría, su paciencia, su ayuda y todos sus extraordinarias sugerencias compartidas con tanto amor y tanta honestidad. *Muchas Gracias Amigo Mío.*

Yo he tenido una Vida Realmente Maravillosa, con altas y bajas, con alegría y tristeza, con lágrimas y risas, con felicidad y dolor, con oscuridad y luz, con odio y amor, con enfermedad y salud, con accidentes y milagros, y todo el bufette que la vida nos ofrece. Yo he aprendido a sacarle las lecciones positivas a la negatividad, a los momentos duros, difíciles y retadores. Yo también he aprendido a sacarle el resultado positivo a lo positivo y a las experiencias maravillosas, a las relaciones amorosas y a todo lo bueno que la vida me ha ofrecido. Y elijo quedarme con lo positivo de ambos, del negativismo y del positivismo. Asi que yo estoy viviendo mí vida optimista, entusiasta, y agradecido por cada una de mis creaciones y con cada elección y con cada decisión que he tomado. Tú estas a punto de descubrir como he logrado alacanzar este punto de Éxito en mi vida. En el interior de las páginas de este libro. Tú Serás Capaz de descubrir mi método de *"Las Puertas de Tú Éxito. Tú Decides."* Te empoderará de tantas maneras mientras tú vayas haciendo tuyas las técnicas y las herramientas.

¡Gracias Por Elegirte a Ti Mism@ como Tu Primera Prioridad y Por Permitirme Compartir Contigo Este Nuevo Camino... ...Disfruta El Hermoso Viaje!

GRACIAS

Arturo Reyes Varela Esponda

.

.

.

.

Te Espera

Un

Regalito Extra

.

Continúa

Hacia

Abajo

Después

De

Haber

Terminado

De

Leer

Todo

El Libro

LOS PRINCIPIOS FAVORABLES

Elijamos Sumar Accionando Cada Una De Nuestras Elecciones Llenitas De Los Siguientes Principios Favorables:

El Respeto. La Prosperidad. El Carácter.
La Honestidad. La Abundancia. El Ser Positivos.
La Lealtad. La Comprensión. El Ser Optimistas.
La Honradez. El Autoestima. El Elegir Ser Feliz.
El Ser Transparente. La Seguridad. El Agradecer.
La Cooperación. La Disciplina. El Sonreír.
El trabajo En Equipo. El Orden. El Elegir Gozar.
El Apoyo. La Constancia. El Perdón.
La Libertad. El Buen Humor. El Equilibrio.
El Amor. El Autoconocimiento. La Tranquilidad.
La Paz Interior. La Paz Exterior. Todos Conectados A La Belleza.

El Elegir Tomar Acciones Favorables En Dirección a Nuestras Metas, Retos y Proyectos.
El Tener Claro En Cada Una De Nuestras Metas ¿Hasta Dónde Queremos Llegar?
El Elegir Llevar Una Planeación Por Orden Prioritario De Importancia y De Urgencia.
El Generar Relaciones De Un Beneficio Mutuo Justo.
El Escuchar A Los Demás Poniendo Atencion Con Toda La Intención De Comprenderles.
Reconocer Que Todos Funcionamos De Manera Ordenada Sinergicamente Hablando Ayudándonos Unos a Otros.

Revisar Constantemente Nuestras Habilidades y Debilidades Para Mejorar Nuestros Dones y Nuestras Debilidades.

El Sacar Nuestra Grandeza Para Ayudarnos Y Para Ayudar A Los Demás A Sacar Su Grandeza.

Accesar A Nuestra Semilla De Amor Incondicional Y Accionar Amarnos, Amar y Permitirnos Amados.

Permitir El Apoyo Mutuo, Recíproco de Nuestras Energías Masculina y Femenina.

Utilizar Nuestro Poder Interior Para Elegir Favorablemente.

Elegir Vivir Día a Día Siendo Nuestra Mejor Versión de Nosotros Mismos.

El Saber Disfrutar De Cada Momento Aquí y Ahora En El Presente.

El Pensar, Hablar Y Actuar Congruentes Favorablemnete Vibrando Positivamente.

Todos Estos Integrados En Nuestro Ser Interior Nos Llevan A Hacer Siembras Favorables Que Sólo Generarán Cosechas Maravillosas, Positivas y Favorables.

Pongámoslo En Práctica Con Pensamientos, Palabras y Acciones Favorables Congruentes.

Vivamos con todos estos Hermosos Principios, Todos y Cada Uno De Nuestros Días.

Amo Caminar,

Amo Mis Pies Hermosos,

Amo Mis Fuertísismas Piernas...

...Amo Todos Los Caminos

*Dónde He Caminado Y Amo Todas Y
Cada Una De Las Puertas*

A Las Que He Entrado y Dónde Me He Quedado Detrás...

...Amo Mi Pasado,

Amo Mi Presente,

Amo Mi Futuro...

...Me Amo Muchísimo.

El Final.

Printed in the United States
By Bookmasters